猎狐七乐彩

《公益时报》彩研组◎编著
玄　羽◎执笔

中国社会出版社
国家一级出版社·全国百佳图书出版单位

图书在版编目（CIP）数据

猎狐七乐彩 /《公益时报》彩研组编著；玄羽执笔．
—北京：中国社会出版社，2017. 2

ISBN 978 - 7 - 5087 - 5603 - 5

Ⅰ. ①猎…　Ⅱ. ①公… ②玄…　Ⅲ. ①社会福利
—彩票—基本知识—中国　Ⅳ. ①F726. 952

中国版本图书馆 CIP 数据核字（2017）第 026956 号

书　　名：猎狐七乐彩
编　　著：《公益时报》彩研组

出 版 人：浦善新
终 审 人：李　浩
责任编辑：杨建萍　　责任校对：王　璐

出版发行：中国社会出版社　邮政编码：100032
通联方法：北京市西城区二龙路甲 33 号
电　　话：编辑室：（010）58124838
　　　　　销售部：（010）58124835
　　　　　　　　　（010）58124837
网　　址：www. shcbs. com. cn
　　　　　shcbs. mca. gov. cn
经　　销：各地新华书店

中国社会出版社天猫旗舰店

印刷装订：中国电影出版社印刷厂
开　　本：155mm × 225mm　1/16
印　　张：10
字　　数：150 千字
版　　次：2017 年 3 月第 1 版
印　　次：2017 年 3 月第 1 次印刷
定　　价：32. 00 元

中国社会出版社微信公众号

七年的繁和简

（代序）

真快，一晃就是七年了。在这七年中，报社的彩票“高手”们买彩票、也推荐彩票：他们曾经多次4元中过双色球5个号，也曾经多次10元拿下3D单组选奖号；在推荐过程中，他们有过2注就包含3D当期组选奖号的战例，也有过连续6期荐中3D定位单选的实例，还有过荐中双色球6红1蓝的成就感。

多年来，“高手”们一步步积累起数据和表格，一格格填写自己推算的结果。看着如长卷般的数据，有时候他们自己也很感慨：坚持是一种很好的习惯。

天天伏案的计算，来回应用的公式，一天突然感觉：“这些方法太复杂，我们必须努力改变。”努力再努力，慢慢公式都不见了，有的是近期的小技巧表格，有的是近期开奖号码分布表……“高手”们将它们有机地结合起来，慢慢变成了本书中自认为有用的章节和内容。

如何化繁为简，如何让奖号看得见，这是一个着实费脑筋的问题。尝试去掉大段描述和尽量不动用计算机上的模型和公式，只总结常用小技巧去充实这本书，尽量用口语话化和平实的话语表达。

在锤炼这些选号技巧中，“高手”们慢慢有了一种感觉：选号其实很简单，自己看着顺眼的号码选择就行了。在实际投注中，往往没有招数的随手一挥，可能就是一次人生的改变。无招胜有招是一种追求，由繁至简，也是一种境界。

灵犀相通。民间“高手”曾因巧借而中出数十倍3D单组选，幸运彩民也因鼓励而领取双色球二等奖奖金。高超、幸运，然后创造了一个个因彩票而心动的传奇。

大道至简。只要坚持了，三五年后就会有属于你自己的简单之道。

红鹰

丁酉年春写于北京

目　录

第一部分：七乐彩游戏介绍

第二部分：基础篇——参数分析

第三部分：高级篇——实用技巧集锦

附　录

第一部分

七乐彩游戏介绍

第一章 七乐彩游戏特点

2007 年前，中国福利彩票已有两个全国联销的著名品牌，即双色球和 3D。前者为超级大乐透玩法，后者为小盘数字型玩法。为了填补彩票市场缺少强势中盘玩法的游戏内容的空间，福彩中心在 2007 年 1 月 1 日面向全国正式推出了七乐彩彩票游戏。据悉，“七乐彩”的称谓在上市之初可谓费尽心思，在广泛征求业内人士意见后才慎重提出了“七乐彩”这一名称。“七”意指“30 选 7”，“乐”意指乐透型玩法，“彩”意指福利彩票。七乐彩的彩市口号定为——“百万奖，期期开”。

最高奖金仍 500 万元封顶

对于喜欢中大奖的彩民朋友而言，七乐彩无疑是又多了一个赢取 500 万元大奖的选择与机会，因为七乐彩游戏同样明确了单注奖项最高 500 万元封顶的规则。从 2007—2016 年（截至 1016118 期）中奖数据来看，28 注 500 万元大奖便足以证明了这一既是中盘彩种，又极具中取大奖潜质的彩票玩法的魅力！

某福彩中心主任曾介绍：“目前双色球和 3D 已得到彩市的肯定，前者为超级大乐透玩法，后者为小盘玩法。福彩全国市场一向缺少强势的中盘玩法，福彩中心经过长期酝酿，决定推出七乐彩。根据七乐彩

（‘30 选 7’）的规模，预计七乐彩一等奖单注奖金都将在 100 万元以上，但是最高奖金仍然为 500 万元。七乐彩上市后，相信能够成为继双色球和 3D 之后第三个全国联销的福彩玩法，一定会受到广大彩民的喜爱。”

中国教育台一套，每周一、三、五晚 21 时 15 分开奖

目前，七乐彩玩法的开奖时间为中国教育台一套现场直播，每周一、三、五晚 21 时 15 分开奖，与每周二、四、日开奖的双色球互为补充。

山东“齐鲁风采——30 选 7”是七乐彩的原型，该玩法上市了 6 年多，总销量达到 85 亿元，一等奖的中出速度特别快，共产生 2100 多注一等奖，并且该玩法的平均单注奖金在 100 万元左右，充分印证了“百万奖，期期开”的彩市宣传语。

据悉，到目前，全国只有广东省没有参与七乐彩的联销（因其有“南粤风采”的“36 选 7”），而深圳市作为计划单列发行彩票单位，则参与了“七乐彩”联销。

七乐彩源于山东“齐鲁风采——30 选 7”，而作为全国各地玩法中的一面旗帜，“齐鲁风采——30 选 7”此前就已大获成功，早已成为中国福利彩票的主打品牌之一。成功的取得，除了来自发行部门的辛勤工作与彩民的大力支持外，玩法本身所展现出的独特魅力，无疑是其成功的重要因素。

现在，将“30 选 7”进行重新定位，技术上加以完善后向全国推广，无疑将为国内彩票市场增添新的热点，为广大彩民朋友增添更多乐趣与机会。

下面我们就为大家简单介绍一些七乐彩彩票游戏的主要特点。

一、玩法好

七乐彩（“30选7”）属于中盘玩法，中奖概率适中，奖级设置合理，理论上具有期期产生百万元大奖的能力，与彩市“超级航母双色球”形成了良好的互补，填补了玩法上“期期中百万大奖”的市场空缺。

二、增加特别号，设奖更科学

七乐彩设置特别号后，对奖级起到了有效的调节作用，各奖等的中奖注数更加适中，一等奖到七等奖的中奖注数呈金字塔形排列，奖金分配更加合理。具体表现为：一等奖积累得起来，大奖有保证；二、三等奖为浮动奖，更是值得期待；四至七等奖的奖金为固定奖，且中奖机会十分明显。总的来说，就是“大奖大，小奖多”，中奖面可以照顾到众多彩民的中奖要求。

三、投注简单，胆拖投注显精彩

七乐彩玩法是在01～30共30个号码中选择7个号码正确奖号，相比双色球、“35选7”及彩市中许多乐透型玩法，选号更简单，投注也更方便，特别是该玩法的“胆拖投注”方式，在中、大盘玩法中是一大创新。彩民朋友经常在小盘玩法中使用的投注中奖绝技——胆拖投注，照样可以在七乐彩中大显身手。因此，相较于其他大盘玩法，七乐彩投注技法更多，更富于乐趣性与魅力（请参阅本书附录一：七乐彩游戏胆拖投注金额对照表）。

四、中奖容易，大奖期期开

数字说话，事实胜于雄辩。回顾七乐彩全国销售后的出奖数据，

2007年至2016年10月8日，七乐彩上市后共摇奖1499期，产生一等奖1229注，其中更是不乏28注500万元大奖！所以，把七乐彩称为“百万富翁生产线”，名副其实。

五、中奖金额有保证，彩民投注有实惠

七乐彩游戏规则中第十七条规定：若当期高奖等单注奖额低于其次奖等奖额2倍，应保证高奖等的实际奖额为其次奖等单注奖额2倍，资金来源由调节基金补足，调节基金不足时由发行经费垫支。这个规定有两层意思：一是从一定程度上保证了各奖等奖金的最低限额，例如四等奖的单注奖金为200元，那么三等奖的单注奖金要达到它的2倍，最低也要保证400元；二是有利于提高七乐彩的返奖率，为了保证各奖等的最低限额，有时需要动用调节基金，这时返奖率就有可能超过50%，彩民得到的实惠也会更多。

六、全国联销、统一奖池、统一开奖，市场优势明显

双色球全国联销，打造出了彩市“超级航母”——500万元富翁生产线；3D全国联销，创出了奖销两旺的新神话——销量独占彩市半壁江山。这都是彩市中成功的经验，是市场运作的真谛。一方面，七乐彩全国联销，有山东成功的经验，有全国联销的基础，必将打造出一条新的“百万富翁生产线”。另一方面，全国联销，统一奖池，统一开奖，好比“众人拾柴火焰高”，充分发挥了市场中的“累加效应”，甚至“倍增效应”，销售必定更加火爆。此外，全国联销、统一开奖、统一奖池、统一名称，有利于品牌的树立。一句话：“国家队”更容易赢得彩民的信任，也更容易形成强势品牌。

七、便于设置特别奖，有利于促销

七乐彩源于山东，山东曾设“齐鲁福星”特别奖，即在购买“30 选 7”玩法时，凡进行复式投注又选中 7 个基本号和 1 个特别号码，或胆拖投注胆码全中基本号码、拖码选中其余基本号码和特别号码，即获得“齐鲁福星”特别奖。此奖如果一人中得，中奖者除按常规设奖方案获得奖金外，还能获得特别奖奖金；此奖如果多人中得，则每人除按常规设奖方案获得奖金外，还能均分特别奖奖金。设想若是七乐彩增设特别奖，则无形中把该彩种的盘子由 203 万元扩大到 585 万元，大盘套中盘，游戏套游戏，趣味性、吸引力更强，有利于形成购买热潮。

八、中国教育台现场开奖，凸显公开、公平与公正

由福彩中心在中国教育电视台开奖，并且进行现场直播，充分体现出福利彩票开奖“公开、公平、公正”的基本原则。福彩中心为国家级的发行管理机构，权威性强；中国教育电视台有进行双色球现场开奖的丰富经验，又是国家级的电视台，可谓强强联合，更易为彩民所信服。

九、市场基础好，前景远大

湖南曾发行过“湖南风采——30 选 7”彩种，虽然设奖方案不同，但玩法类似，并且当时也取得了不错的销售成绩。湖南的彩民朋友面对七乐彩的“回归”，选起号来显得轻车熟路。

七乐彩在湖南省上市时，有两大优势：一是全国联销，气势如虹；二是玩法提质，设奖方案今非昔比；尽得天时、地利、人和，上市后形成了新的销售热潮。湖南彩民素以精明著称，从全国奖池中“淘金”

是拿手好戏。好的玩法，加上难得的中奖机会，制造出了一波奖销两旺的新气息。

总之，七乐彩魅力无穷，前景十分广阔。

第二章 七乐彩游戏常用术语

1. 大数码和小数码

也简称大码和小码。某种玩法最大数除以 2，得出的平均数之前的号码为小码，之后为大码。七乐彩的小码为 1～15，大码为 16～30。

2. 最大码和最小码

即所预测开出的号码中最小的数和最大的数。通常 10 以下和 20 以上都有奖号，但不是绝对的。

3. 重叠码

与上期开出的中奖号码相同的号码就称为重叠码。

4. 边码

与上期开出的中奖号码加减余 1 的号码就称为边码，如上期开出 03，本期开出 02 或 04，都是边码。

5. 斜连码

与历期中奖号码构成斜连形状的号码称为斜连码。

6. 对望码

上下数期直观上呈现一定规律出现的号码称为对望码，对望码可分为以等量、递减、递增、倍增、倍减出现的五种情况。

7. 三角码

走势图上3个号码呈现三角形形状的号码称为三角码。

8. 黄金码

指在走势图竖看而按黄金分割法间隔1、2、3、5、8、13、21等形成出现的号码，就称为黄金码。

9. 空门码

与历期特别是最近4期中奖号码没有任何联系的号码称为空门码。

10. 关系码

指与历期尤其是最近4期的中奖号码有联系的号码，一般重叠码、边码、斜连码、三角码、对望码、弧形码等均归入关系码行列。

11. 非关系码

指与最近4期中奖号码没有任何联系的号码。

12. 连码

即所预测开出的7个号码有两个或两个以上相连的号码。如上期开奖号码中有12、13，25、26、27，则12、13为一对连码，称为单连码，25、26、27为另一对连码，称为三连码。

13. 同位码

也叫同尾球，是指一组中奖号码中尾数相同的号码，如10、20、30是同位码，05、15、25也是同位码，一般每组中奖号码里都有1~2对同位码出现。

14. 间隔码

在走势图上横看呈现有序间隔1~N个空格而出现的号码，称为间隔码。如1-4-7、12-16-20等。

15. 缘分码

指在同一期中奖号码中喜欢联袂出现的号码，如03-18同时出现；又指上期出现某个号码后，下期也常常出现另一个号码，均称为缘分码。

16. 边缘码

指按5个号码为1个小区划分后，处在边缘两边的号码。七乐彩有1-5-6-10-11-15-16-20-21-25-26-30共12个边缘码。

17. 集团号码

指将备选号码按个位数0-2-5-8、1-4-7、3-6-9划分后分为的三个集团号码，如16属于3－6－9集团，25属于0－2－5－8集团，04属于1－4－7集团等。

18. 个位数

指1注中奖号码里所出现的0～9这10个个位数的号码。

19. 总值

指7个中奖号码之和。

20. 均数

指7个中奖号码总值除7后所得出的平均数。

21. 极差

指7个中奖号码中最大的号码和最小的号码之间的差。

22. 平均和数值

平均和＝（最大号＋最小号）×基本号码个数/2，七乐彩号码平均和数值为（30＋1）×7/2＝108.5。

23. 5的倍数

即被5整除的数。历史上很少有开奖号超过5个是5的倍数的，但也可以没有一个是5的倍数的中奖号码。这些概念有助于我们选号。

24. 胆码

也叫心水码。就是您认为下期必出的号码球。如认为02和05是胆码，则可在全部的组合号码投注注数里将胆码放进去，胆码的个数可任意设定，一般不超过6个。

25. 拖码

就是与胆码配合组成的投注号码，其重要性低于胆码。拖码的备选数量可任意设定，但与胆码组合时则视胆码数量而定。

26. 复式投注

指在备选号码中自选或机选超过7个号码的投注。复式投注其实就是一组组有一定关系的单式投注，其特色是网密、简便，在彩民中也极为流行。

27. 多倍投注

在投注后按同样的号码再进行1倍以上的投注，称为多倍投注。

第二部分

基础篇——参数分析

七乐彩是从01～30这30个号码中选取7个作为1注投注号码。投注的7个号码与7个基本号码完全一致，才能夺取最高等奖一等奖。按照数学的排列组合算法，从30个任选7个号码的组合注数是2035800注。其中符合特等奖的组合仅有1注。

在长期的七乐彩研究过程中，《公益时报》彩研组总结并归纳了许多较为基础的分析方法，在实际的运用中，曾利用这些行之有效的方法帮助彩民朋友揽获过巨奖。彩票是一种娱乐，但是在我们购买彩票的同时也投注了一份爱心与希望，只要积极去参与，善于去发现、总结和思考，彩民就一定能够玩出乐趣，玩出精彩。

下面是对七乐彩玩法将会应用到的一些主要技术参数的讲解与阐述，包括区间、次数、均值、奇偶、大小、和值、热温冷、尾数、余数、数码概念等。

第一章 区　间

七乐彩从 01 ~30 共有 30 个号码，而所谓的区间，是指把 30 个奖号按照某种方式分成若干个区段。

为了更有效地对奖号进行筛选，一般采用的有 10 区划分法、6 区划分法、3 区划分法、2 区划分法。区间指标最主要的参考作用是用来观察开奖号码集散趋势。一般情况下它只是用来判断一个大概的范围，而不是将它定位到某一个号码上。下面对这几种主流的区分法逐一进行分析。

一、10 区划分法

1. 原理

3 个号码为 1 个区。01、02、03 为第一区，04、05、06 为第二区，依次类推，共分成 10 个区段。那么，每次所摇出的 7 个基本号码，均摊在每个区间内的奖号个数就应是：7 ÷10 =0. 7 个。

下面我们先来看看从 2007—2016 年（截至 2016118 期）采用 10 区划分法所得到的出号情况。

区间	一区			二区			三区			四区			五区		
号码	01	02	03	04	05	06	07	08	09	10	11	12	13	14	15
次数	423	396	354	394	391	434	394	401	403	428	380	408	384	377	386
总数	1173			1219			1198			1216			1147		
区间	六区			七区			八区			九区			十区		
号码	16	17	18	19	20	21	22	23	24	25	26	27	28	29	30
次数	380	356	425	396	408	438	381	408	409	445	391	414	398	411	379
总数	1161			1242			1198			1250			1188		

在2007—2016年（截至2016118期）开出共1499期的开奖数据中，总出号个数是1499×8（含特别号）=11992个。平均每个区间的出号个数平均值应该是11992÷10=1199.2个，每个号码的出号次数平均值应该是11992÷30=399.73次。其中最热的区间是第七区，共开出1242个，比平均值1199.2个高出43个；最冷的区间是第五区，仅开出1147个，比平均值1199.2个少出52个。

第七区的热出，主要是19、20、21的整体良好表现所致。号码21出现438次，号码20出现408次，号码19出现396次。特别是号码21，在1499期的开奖号码里，竟开出438次，居然比次数平均值399.73次高出39次，排名第二。

第五区的冷落，主要是号码13、14、15的整体偏冷所致，它们都低于平均值399.73次，属于集体走冷。

由于有了这些数据统计，特别是从2007—2016年（截至2016118期）的综合统计，我们就有了分析的依据。这告诉了我们一个结论：假如第七区号码在某几期里连续没有出号的话，那么下期开始我们必定要重点考虑 19、20、21 开出的可能；假如在某几期里连续出号的话，那么从下期开始，必定会走空。

由于有了热区、冷区的初步印象，我们在选择号码的时候，首先要看历史走势。假如碰到符合热区出号、冷区断号的特征，那么我们就可以在热区选择胆号，杀掉冷区的号码，以达到缩小出号范围、扩大中奖概率的目的。

利用 10 区分法，我们每期可以制作一个近期的 10 区走势图。可以按照个人喜好，以 10 期或 20 期为参考标准，分析每个区间在近期的出号走势，从而预测下一期的区间分布情况。

2. 应用实例

按照 10 区分法，以 2016100—2016109 期为例，推断 2016110 期的 10 区分布，首先做一个 10 期表：

期数	一位	二位	三位	四位	五位	六位	七位	和值	特码
2016100	06	09	13	14	15	19	23	99	18
2016101	01	03	09	10	16	18	23	80	07
2016102	01	03	10	19	21	23	28	105	09
2016103	02	04	10	15	20	25	30	106	01
2016104	02	07	09	18	22	26	27	111	19
2016105	12	13	24	25	26	28	29	157	07
2016106	04	06	17	25	26	27	29	134	15
2016107	06	10	16	17	18	24	30	121	22
2016108	04	05	09	14	15	17	21	85	12
2016109	02	03	13	18	21	22	27	106	06

然后，相应地把每个区间的出号个数也做出一个表：

期数	一区	二区	三区	四区	五区	六区	七区	八区	九区	十区
2016100		1	1			3	1	1		
2016101	2		1	1			1	1		
2016102	2			1			2	1		1
2016103	1	1		1	1		1		1	1
2016104	1		2			1		1	2	
2016105				1	1			1	2	2
2016106		2				1			3	1
2016107		1		1		3		1		1
2016108		2	1		2	1	1			
2016109	2				1	1	1	1		1

可见，第一区间（号码 01、02、03）走势是：0221100002。也就是说，第一区基本的活动范围是 0 ~ 2 枚，开出 1 枚之后，下期走热的可能性不大，因此下期我们可以设定第一区间出 0 ~ 1 枚。

第六区间（号码 16、17、18）走势是：3000101311。此区活动范围是 0 ~ 3 枚，下期此区有望走热，因此下期是我们考虑作为选号的首要参考，故我们也可以作出判断，此区下期设定出 1 ~ 2 枚。

第八区间（号码 22、23、24）走势是：1110110101。可见，此区活动范围是 0 ~ 1 枚，基本不会开出 2 枚，10 期内只开出 7 次，下期我们可关注 0 ~ 1 枚，并且在开出 1 枚后，下期走空的可能性非常大，故我们可以大胆地作出判断，此区设定出 0 ~ 1 枚。

同理，其他区间，我们也可以用同样的方法分析。通过分析，我们可以得到2016010期的十区分布，大致就是：第一区出0~1枚；第二区出0枚；第三区出0~1枚；第四区出0枚；第五区出0枚；第六区出1~2枚；第七区出0枚；第八区出0~1枚；第九区出0~1枚；第十区出0~1枚。

而2016110期实际的开奖结果是：01、05、09、20、23、26、30，十区分布是：第一区出1枚；第二区出1枚；第三区出1枚；第四区出0枚；第五区出0枚；第六区出0枚；第七区出1枚；第八区出1枚；第九区出1枚；第十区出1枚，见下表：

期数	一区	二区	三区	四区	五区	六区	七区	八区	九区	十区
2016110	1	1	1	0	0	0	1	1	1	1

这就是十区分法的实际应用，这种分法，每个区间只有3个号码，是较为精细的区分法。但是有时太精细，反而容易判断错误，上面的第八和第九区的判断有所出入就是例证之一。那么为了提高区间判断的准确率，我们就可以把每个区间的号码加多一些，下面就让我们来探讨每区有5个号码的6区分法。

二、6区分法

1. 原理

所谓的6区分法，就是把30个号码分为6个区间，01~05称为一区；06~10称为二区；以此类推，共有6个区间，每个区间有5个号码。按照概率来看，在开出的8（含特别号）个号码中，每区应占的个数应是8÷5=1.6个，我们就把1.6称为是每个区间的理论个数点。下面我们先来看看从2007—2016年（截至2016118期）6区分法的出号统计情况，从而探讨这种区分法的特性与应用。

区间	一区					二区					三区				
号码	01	02	03	04	05	06	07	08	09	10	11	12	13	14	15
次数	423	396	354	394	391	434	394	401	403	428	380	408	384	377	386
总数	1958					2060					1935				
区间	四区					五区					六区				
号码	16	17	18	19	20	21	22	23	24	25	26	27	28	29	30
次数	380	356	425	396	408	438	381	408	409	445	391	414	398	411	379
总数	1965					2081					1993				

在2007—2016年（截至2016118期）开出共1499期的开奖数据中，总出号个数是1499×8（含特别号）=11992个。平均每个区间的出号个数平均值应该是11992÷6=1998个，每个号码的出号次数平均值应该是11992÷30=399.73次。其中最热的区间是第五区，共开出2081个，比平均值1998个高出83个；最冷的区间是第三区，仅开出1935个，比平均值1998个低出63个。

第五区的热出，主要是21、23、24、25的良好表现所致。号码25出现445次，号码21出现438次，号码24出现409次，号码23出现408次，都比每个号码的次数平均值要高许多。

第三区的冷落，主要是号码11、13、14、15的相对偏冷所致。号码11出现380次，号码13出现384次，号码14出现377次，号码15出现386次，它们都低于399.73次，属于集体走冷。

由于有了这些数据统计，特别是从2007—2016年（截至2016118期）的数据综合统计，我们就有了分析的依据。这就告诉了我们一个结论：今后从长远来考虑，第五区（21、22、23、24、25）肯定是我们从此以后重点关注的对象；第三区（11、12、13、14、15）肯定也是今后会比较冷出的区域。假如第五区号码在某几期里连续没有出号的话，那么下期开始我们必定要重点考虑21、22、23、24、25内开出奖号的可能；假如第三区号码11、12、13、14、15在某几期里连续出号的话，那么从下期开始，必定会走空。

通过以上分析，我们基本得出了“5区偏热，3区偏冷”这一阶段性特征。了解了这个特征，了解了开奖数据，作用非常大！因为，在研究彩票过程中，很多时候都是遵循一个这样的原则：任何号码在很长的“一段时间”内，它的出号个数应当“近似接近”于它的理论出号个数！我们之所以要把“一段时间”和“近似接近”用引号括起来，是重点强调这两个概念。“一段时间”您可以取比较短的时间，比如20期，也可以取比较长的时间，比如说200期。如果取较短的时间，它有可能和理论的出号个数偏差大些，而如果取较长的时间，那么它就会和理论的出号个数越来越接近，也就是我们所说的“近似接近”，如果取无限长的时间，那么它的总体统计的出号概率必定和理论相等。

2. 应用实例

按照6区分法，以2016100—2016109期为例，推断2016110期的6区分布，首先做一个10期表：

期　数	一位	二位	三位	四位	五位	六位	七位	和值	特码
2016100	06	09	13	14	15	19	23	99	18
2016101	01	03	09	10	16	18	23	80	07
2016102	01	03	10	19	21	23	28	105	09
2016103	02	04	10	15	20	25	30	106	01

续表

期　数	一位	二位	三位	四位	五位	六位	七位	和值	特码
2016104	02	07	09	18	22	26	27	111	19
2016105	12	13	24	25	26	28	29	157	07
2016106	04	06	17	25	26	27	29	134	15
2016107	06	10	16	17	18	24	30	121	22
2016108	04	05	09	14	15	17	21	85	12
2016109	02	03	13	18	21	22	27	106	06

然后，相应地把每个区间的出号个数也做出一个表：

期　数	一区	二区	三区	四区	五区	六区
2016100		2	3	1	1	
2016101	2	2		2	1	
2016102	2	1		1	2	1
2016103	2	1	1	1	1	1
2016104	1	2		1	1	2
2016105			1		2	3
2016106	1	1		1	1	3
2016107		2		3	1	1
2016108	2	1	2	1	1	
2016109	2		1	1	2	1

可见，第一区间走势是：0222101022。也就是说，第一区基本的活动范围是 0 ~ 2 枚，连续三期开出 2 枚之后，下期继续走热的可能性不大，下期我们可以设定第一区间出 0 ~ 1 枚。

第二区间走势是：2211201210。可见，此区有一个非常明显的特点，就是开出 1 ~ 2 枚的概率最高，并且开出 1 枚后，下期继续出 1 枚的可能性非常大，故我们可以大胆地作出判断，此区下期应该继续出 1 枚。

第三区间走势是：3001010021。此区相对来说比较冷，6 个区间中有 5 期没有开出奖号。当然，一旦此区间开出 3 枚奖号，下期开出 0 枚奖号的概率很大。下期设定出 0～1 枚。

第四区间的走势是：1211101311。此区的出号范围是 0～3 枚，属于最平稳的区间，其中出 1 枚的期数是最高的，占了 7 期，故我们可以关注继续开出 1 枚，设定范围 1～2 枚。

第五区间的走势是：1121121112。此区的出号与第四区相当，基本出号在 1～2 枚，下期我们可以设定范围出 1～2 枚。

第六区间的走势是：0011233101。此区间有一个特点，一旦开出 1 枚奖号后，下期走热的可能性很大，开出 1～2 枚奖号的概率很大。下期我们重点关注继续开出 1～2 枚。

通过分析，我们可以得到 2016110 期的 6 区分布，大致就是：第一区出 0～1 枚；第二区出 1 枚；第三区出 0～1 枚；第四区出 1～2 枚；第五区出 1～2 枚；第六区出 1～2 枚。

而 2016110 期实际的开奖结果是：01、05、09、20、23、26、30，6 区分布是：第一区出 2 枚；第二区出 1 枚；第三区出 0 枚；第四区出 1 枚；第五区出 1 枚；第六区出 2 枚，见下表：

期　数	一区	二区	三区	四区	五区	六区
2016110	2	1	0	1	1	2

这种分法，每个区间有 5 个号码，是比 10 区分法每个区间 3 个号码稍微有所增多，但还是属于较为精细的区分法。这种分法的出错率比 10 区分法的出错率要低些，但只要稍有不慎，也会出错。下面就让我们来继续探讨出错率更低一些的 3 区分法。

三、3 区分法

1. 原理

3 区分法是区间分析最主流的方法，一般的技术型彩民都喜欢应用 3 区分法。所以 3 区分法，是我们研究时较为重要的分析参数。

所谓的 3 区分法，就是把 30 个号码分为 3 个区间，01 ~ 10 为第一区间，11 ~20 为第二区间，21 ~ 30 为第三区间，每个区间都包含 10 个号码。开奖号是 7 个号码，那么均摊在每个区间内的号码个数就应是：8 ÷ 3 = 2.66 个，即理论出号个数是每个区间开出 2.66 个号码。3 区分法最大的优点就是每个区间的号码个数相同，分布对称，利于分析研究。下面我们先来看看从 2007—2016 年（截至 2016118 期）3 区分法的出号统计情况。

区间	一区									
号码	01	02	03	04	05	06	07	08	09	10
次数	423	396	354	394	391	434	394	401	403	428
总数	4018									
区间	二区									
号码	11	12	13	14	15	16	17	18	19	20
次数	380	408	384	377	386	380	356	425	396	408
总数	3900									
区间	三区									
号码	21	22	23	24	25	26	27	28	29	30
次数	438	381	408	409	445	391	414	398	411	379
区间	3 区									
总数	4074									

在2007—2016年（截至2016118期）开出共1499期的开奖数据中，三个区间的出号个数相当。总体来看，三区偏热、二区偏冷。三区号码21、23、24、25、27、29出号都在400个以上，是走热的主要原因；二区号码11、13、14、15、16、17、19出号都在400个以下，是此区走冷的主要原因。而一区既有非常走热的号码01、06、10，也有非常走冷的号码03，所以，综合起来，一区就处于不冷不热的状态。这就告诉了我们一个信息：一、三区是我们今后需要重点关注的区间。

2. 应用实例

按照3区分法，以2016100—2016109期为例，推断2016110期的3区分布，首先做一个10期表：

期　数	一位	二位	三位	四位	五位	六位	七位	和值	特码
2016100	06	09	13	14	15	19	23	99	18
2016101	01	03	09	10	16	18	23	80	07
2016102	01	03	10	19	21	23	28	105	09
2016103	02	04	10	15	20	25	30	106	01
2016104	02	07	09	18	22	26	27	111	19
2016105	12	13	24	25	26	28	29	157	07
2016106	04	06	17	25	26	27	29	134	15
2016107	06	10	16	17	18	24	30	121	22
2016108	04	05	09	14	15	17	21	85	12
2016109	02	03	13	18	21	22	27	106	06

然后，相应地把每个区间的出号个数也做出一个表：

期　数	一区	二区	三区
2016100	2	4	1
2016101	4	2	1
2016102	3	1	3

续表

期数	一区	二区	三区
2016103	3	2	2
2016104	3	1	3
2016105	0	2	5
2016106	2	1	4
2016107	2	3	2
2016108	3	3	1
2016109	2	2	3

可见，第一区间走势是：2433302232。也就是说，第一区基本的活动范围是0～4枚，此区一旦开出4枚，下期继续走热开出3枚的可能性非常大，故我们可以设定此区下期出号2～3枚，重点关注出号3枚。

第二区间走势是：4212121332。可见，此区有一个非常明显的特点，就是开出1枚后，下期走热的可能性非常大，故我们可以大胆地作出判断，此区下期应出1～2枚或以上，出号范围可设定1～2枚。

第三区间走势是：1132354213。此区相对来说比较走热，此区有另外一个规律，就是开出1枚之后，下期可能会升温，这样的话，我们在下期可以设定出号范围2～3枚。

通过分析，我们可以得到2006031期的3区分布，大致就是：第一区出3枚；第二区出1～2枚；第三区出2～3枚。

期数	一位	二位	三位	四位	五位	六位	七位	和值	特码
2016110	01	05	09	20	23	26	30	114	07

而2016110期实际的开奖结果是：01、05、09、20、23、26、30，3区分布是：第一区出3枚；第二区出1枚；第三区出3枚。

可见，区间出号判断全部正确，这就是3区分法的实际应用，这种分法，每个区间有10个号码。这种分法的成功率比10区分法、6区分法都高得多，但由于它所起的作用也只是判断某个区间里10个号码出几个，也就是大致的出号个数，故在实战中，我们一般都把它作为选号的一种区间参考。

四、2区分法

1. 原理

2区分法是区间分析最基本的方法。

所谓的2区分法，就是把30个号码分为两个区间，01～15为第一区间，16～30为第二区间，每个区间都包含15个号码。第一区的号码，我们把它称为小号；第二区的号码，我们把它称为大号。开奖号是8个号码（含特别号），那么均摊在每个区间内的奖号个数就应是：8÷2＝4个，即理论出号个数是每个区间开出4个奖号。2区分法最大的优点就是分区简单，大号小号概念明确，一目了然；而缺点就是分区不细，只能判断大概的出号范围。下面我们先来看看从2007—2016年（截至2016118期）2区分法的出号统计情况。

区间	一区														
号码	01	02	03	04	05	06	07	08	09	10	11	12	13	14	15
次数	423	396	354	394	391	434	394	401	403	428	380	408	384	377	386
总数	5953														
区间	二区														
号码	16	17	18	19	20	21	22	23	24	25	26	27	28	29	30
次数	380	356	425	396	408	438	381	408	409	445	391	414	398	411	379
总数	6039														

在2007—2016年（截至2016118期）开出一共1499期的开奖数据中，两个区间的出号个数相当。一区开出5953个（含特别号）；二区开出6039个（含特别号）。2区分法的理论分布个数与实际出号个数相差不大，这也说明了一个问题：在很长的一段时间里，一区与二区的出号个数比应接近于1：1。

2. 应用实例

按照2区分法，以2016100—2016109期为例，推断2016110期的2区分布，首先做一个10期表：

期　数	一位	二位	三位	四位	五位	六位	七位	和值	特码
2016100	06	09	13	14	15	19	23	99	18
2016101	01	03	09	10	16	18	23	80	07
2016102	01	03	10	19	21	23	28	105	09
2016103	02	04	10	15	20	25	30	106	01
2016104	02	07	09	18	22	26	27	111	19
2016105	12	13	24	25	26	28	29	157	07
2016106	04	06	17	25	26	27	29	134	15
2016107	06	10	16	17	18	24	30	121	22
2016108	04	05	09	14	15	17	21	85	12
2016109	02	03	13	18	21	22	27	106	06

然后，相应地把每个区间的出号个数也做出一个表：

期　数	一区	二区
2016100	5	2
2016101	4	3
2016102	3	4

续表

期　数	一区	二区
2016103	4	3
2016104	3	4
2016105	2	5
2016106	2	5
2016107	2	5
2016108	5	2
2016109	3	4

可见，第一区间走势是：5434322253。也就是说，第一区基本的活动范围是 2 ~ 5 枚，此区近期的出号以 3 ~ 4 枚为主，这应是近期的一个走势，故我们可以设定此区下期出号范围 3 ~ 4 枚。

第二区间走势是：2343455524。可见，此区基本的活动范围是 2 ~ 5 枚，明显要比第一区热，近期也处于热出状态中，下期出号应不会少于 3 枚，甚至走热开 5 枚，故我们可以设定此区下期出号范围 3 ~ 5 枚。

通过分析，我们可以得到 2016110 期的 2 区分布，大致就是：第一区出 3 ~ 4 枚；第二区出 3 ~ 5 枚。

期　数	一位	二位	三位	四位	五位	六位	七位	和值	特码
2016110	01	05	09	20	23	26	30	114	07

而 2016110 期实际的开奖结果是：01、05、09、20、23、26、30，2 区分布是：第一区出 3 枚；第二区出 4 枚。

可见，区间出号判断范围全部正确，这就是 2 区分法的实际应用。这种分法，每个区间有 15 个号码。它的成功率比 10 区分法、6 区分法、3 区分法都高得多，但由于它所起的作用也只是判断某个区间里 15 个号码出几个，也就是大致的出号个数，故在实战中，我们比较少用这种方法，而主流的区分法是 10 区分法与 3 区分法。

第二章 次数

一、原理

1. 每个号码的次数

我们可以从历史数据中统计出的30个号码中，了解每个号码开出的总次数。次数越多说明出号概率越大，次数越少说明出号概率越小。

2007—2016年（截至2016118期）共开出1499期数据，每个号码的出号次数如下表所示：

号码	01	02	03	04	05	06	07	08	09	10
次数	423	396	354	394	391	434	394	401	403	428
号码	11	12	13	14	15	16	17	18	19	20
次数	380	408	384	377	386	380	356	425	396	408
号码	21	22	23	24	25	26	27	28	29	30
次数	438	381	408	409	445	391	414	398	411	379

可以看到，01开出423次，02开出396次，……这样，各个号码

的出号次数情况就一目了然了。但是还不够直观，因为不能很明显地看出哪个号码热，哪个号码冷，故我们再把图表按照次数的高低顺序排列，又得到如下这样一个表：

号 码 次 数 高 低 排 序										
号码	25	21	06	10	18	01	27	29	24	12
总次数	445	438	434	428	425	423	414	411	409	408
号码	20	23	09	08	28	02	19	04	07	05
总次数	408	408	403	401	398	396	396	394	394	391
号码	26	15	13	22	11	16	30	14	17	03
总次数	391	386	384	381	380	380	379	377	356	354

这样就很容易看到：最热的号码是25，开出445次，其次是21开出438次，……热号就是出号概率非常高的号码，是我们在每期选号过程必不可缺少的重点考虑因素。在这里，我们可以把上表中第一行看作热号，共10个号码，分别是25、21、06、10、18、01、27、29、24、12；冷号就是出号概率非常低的号码，它一般很难开出，是我们每期考虑做杀号的主要对象。在这里，我们可以把上表中第三行看作冷号，共10个号码，分别是26、15、13、22、11、16、30、14、17、03；温号就是第二行，也有10个号码，分别是20、23、09、08、28、02、19、04、07、05。假如某期一个热号都没有出现，那么下期开始，必定要重点关注热号的表现；假如某期出了很多冷号，那么从下期开始，必定要少些关注冷号了。

2. 分位次数

30个号码按顺序由小到大排列共7个位置，从理论上来看，第一个位置的奖号范围是01～24；第二个位置的奖号范围是02～25；第三个位置的奖号范围是03～26；第四个位置的奖号范围是04～27；第五个位置的奖号范围是05～28；第六个位置的奖号范围是06～29；第七个位置的奖号范围是07～30。即在每个位置上都有24个号码作为备选。2007—2016年（截至2016118期）共开出的1499期数据（不含特别号），把出现在每一个位置的号码的次数做一个表来统计，会发现一些性质。

号码	一位	次数	二位	次数	三位	次数	四位	次数	五位	次数	六位	次数	七位	次数	总次数
01	01	371													371
02	02	282	02	74											356
03	03	193	03	106	03	11									310
04	04	166	04	143	04	27	04	2							338
05	05	127	05	149	05	56	05	3							335
06	06	132	06	149	06	87	06	16		1					385
07	07	62	07	167	07	102	07	23	07	3					357
08	08	46	08	134	08	103	08	43	08	9		1			336
09	09	40	09	126	09	123	09	44	09	11		2			346
10	10	18	10	117	10	144	10	77	10	19	10	5			380
11	11	26	11	84	11	128	11	74	11	15	11	7	11	2	336
12	12	18	12	64	12	114	12	108	12	35	12	8		3	350
13	13	7	13	46	13	116	13	113	13	50	13	4			336
14	14	4	14	43	14	103	14	101	14	71	14	10	14	1	333
15	15	4	15	34	15	87	15	114	15	75	15	22		2	338
16		3	16	25	16	77	16	121	16	75	16	27	16	5	333
17			17	12	17	67	17	90	17	103	17	39	17	3	314
18	18		18	9	18	56	18	134	18	123	18	41	18	11	374
19			19	9	19	39	19	112	19	106	19	72	19	6	344

续表

号码	一位	次数	二位	次数	三位	次数	四位	次数	五位	次数	六位	次数	七位	次数	总次数
20			20	3	20	25	20	105	20	133	20	81	20	17	364
21				3	21	17	21	79	21	131	21	114	21	30	374
22			22	1		5	22	49	22	125	22	119	22	34	333
23			23	1	23	7	23	44	23	111	23	142	23	53	358
24					24	6	24	23	24	116	24	148	24	75	368
25						2	25	17	25	91	25	173	25	112	395
26							26	10	26	56	26	163	26	127	356
27							27		27	33	27	141	27	187	361
28									28	10	28	106	28	228	344
29											29	77	29	274	351
30													30	332	332

上表中，第一列代表的是30个号码，“一位”代表的是7个开奖号码中按照高低顺序排列的第一位对应的位置；“二位”代表的是7个开奖号码中按照高低顺序排列的第二位对应的位置，……以此类推。“次数”代表的是每个号码在某位开出的次数；“总次数”代表的是某个号码在所有位置上出现次数的总和。

由表可见，第一位共开出16个号码，但是，这16个号码，有的次数多，有的次数少。次数多的号码，说明它在第一位开出的概率是最大的，如01在第一位开出371次，02开出282次，03开出193次；次数少的号码，在第一位开出的概率是最低的，如号码16，开出3次，号码14、15各开出1次，号码13开出7次。这样的话，我们又可以按照在每个位置上号码的次数高低顺序做成一个表，见下表：

分位次数高低排序																								
一位	1	2	3	4	6	5	7	8	9	11	10	12	13	14	15	16								
次数	371	282	193	166	132	127	62	46	40	26	18	18	7	4	4	3								
二位	7	5	6	4	8	9	10	3	11	2	12	13	14	15	16	17	18	19	20	21	22	23		
次数	167	149	149	143	134	126	117	106	84	74	64	46	43	34	25	12	9	9	3	3	1	1		
三位	10	11	9	13	12	8	14	7	6	15	16	17	5	18	19	4	20	21	3	23	24	22	25	
次数	144	128	123	116	114	103	103	102	87	87	77	67	56	56	39	27	25	17	11	7	6	5	2	
四位	18	16	15	13	19	12	20	14	17	21	10	11	22	9	23	8	7	24	25	6	26	5	4	
次数	134	121	114	113	112	108	105	101	90	79	77	74	49	44	44	43	23	23	17	16	10	3	2	
五位	19	20	21	17	23	22	18	16	24	14	15	13	25	12	11	26	9	10	8	27	7	6	5	
次数	133	131	125	123	116	111	106	103	91	75	75	71	56	50	35	33	19	15	11	10	9	3	1	
六位	25	26	24	23	27	22	21	28	20	29	19	18	17	16	15	14	12	11	10	13	9	8		
次数	173	163	148	142	141	119	114	106	81	77	72	41	39	27	22	10	8	7	5	4	2	1		
七位	30	29	28	27	26	25	24	23	22	21	20	18	19	16	12	17	11	15	14					
次数	332	274	228	187	127	112	75	53	34	30	17	11	6	5	3	3	2	2	1					

一般来说，我们讨论在每个位置上出现概率最大的号码的意义比讨论出现概率最小的号码要重大，因为毕竟我们要找出的就是哪些号码容易出现。所以，我们把在每个位置上最热的 2 个号码挑选出来，做成下表：

每位热号（前两名）																				
一位	01	02	二位	07	05	三位	10	11	四位	18	16	五位	19	20	六位	25	26	七位	30	29
次数	371	282	次数	167	149	次数	144	128	次数	134	121	次数	133	131	次数	173	163	次数	332	274

上表很容易可以看到第一位的热号是：01、02；第二位的热号是：07、05；第三位的热号是：10、11；第四位的热号是：18、16；第五位的热号是：19、20；第六位的热号是：25、26；第六位的热号是：30、29。把这 7 个位置中的全部热号列出，可得到 14 个号码：01、02、05、07、10、11、16、18、19、20、25、26、29、30，这无疑便是组号时最需要关注的号码。

而再仔细观察，大家会看到，由每一位的最热号组成的1注号码：01、07、10、18、19、25、30，在理论上来说，就是出现概率最大的1注，这7个号码就是重中之重了，为了方便研究，我们把这7个号码称为：热点。即第一位01为第一热点，第二位07为第二热点……依此类推。

在所有的开奖历史记录中，有超过一半以上的号码是符合至少有一个热点号码出现在开奖号码中的，其中第一位奖号是01的有371期，第二位奖号是07的有167期，第三位奖号是10的有144期……同时含两个热点或两个热点以上的就有100多期。

有了热点的概念，我们在选号时，就必须要注意这7个号码的分配问题。假如1注号码里面，不包含这7个号码里的任何一个号码，那么，您就需要再重新考虑一下，自己的组号是否合理？假如包含7个号码的5个或6个，甚至是7个，那么，是否也需要重新考虑一下？会有那么巧合，全部开出热点号码？所以，我们一般会设定这样的条件：01、07、10、18、19、25、30出1~4个。在通常情况下，是符合这样的号码分配的。

二、应用实例

号码的次数是我们参考的一个重要参数，因为它直接关系到下一期某个号码出现的概率。我们知道，第一位次数最高的是：01、02；第二位次数最高的是：07、05；第三位次数最高的是：10、11；第四位次数最高的是：18、16；第五位次数最高的是：19、20；第六位次数最高的是：25、26；第七位次数最高的是：30、29。见下表：

每位热号（前两名）																				
一位	01	02	二位	07	05	三位	10	11	四位	18	16	五位	19	20	六位	25	26	七位	30	29
次数	371	282	次数	167	149	次数	144	128	次数	134	121	次数	133	131	次数	173	163	次数	332	274

我们以 2016100—2016109 期为例，推断 2016110 期的号码走势，首先做一个 10 期表：

期　数	一位	二位	三位	四位	五位	六位	七位	和值	特码
2016100	06	09	13	14	15	19	23	99	18
2016101	01	03	09	10	16	18	23	80	07
2016102	01	03	10	19	21	23	28	105	09
2016103	02	04	10	15	20	25	30	106	01
2016104	02	07	09	18	22	26	27	111	19
2016105	12	13	24	25	26	28	29	157	07
2016106	04	06	17	25	26	27	29	134	15
2016107	06	10	16	17	18	24	30	121	22
2016108	04	05	09	14	15	17	21	85	12
2016109	02	03	13	18	21	22	27	106	06

第一位的走势是：06、01、01、02、02、12、04、06、04、02，号码 01 开出 2 次，02 开出 3 次，04 开出 2 次，06 开出 2 次，12 开出 1 次，最热的号码 02 在此位的表现是最好的，这是我们在下期最需要关注的号码，我们可以把 01、02 作为在这个位置的备选号码。

第二位的走势是：09、03、03、04、07、13、06、10、05、03，号码 04、05、06、07、09、10、13 分别开出 1 次，03 开出 3 次，可见号码 03 附近在此位的表现是最好的，这是我们在下期最需要关注的号码范围，我们可以把 03、04、05 作为在这个位置的备选号码。

第三位的走势是：13、09、10、10、09、24、17、16、09、13，号码 13、16、17、24 分别开出 1 次，09 开出 3 次，10 开出 2 次，可见号码 09、10、11 在此位的表现是最好的，这是我们在下期最需要关注的号码范围，我们可以把09、10作为在这个位置的备选号码。

第四位的走势是：14、10、19、15、18、25、25、17、14、18，号码10、15、17、18、19分别开出1次，14、25开出2次，可见号码14～25在此位的表现是最好的，这是我们在下期最需要关注的号码，我们可以把14～25作为在这个位置的备选号码。

第五位的走势是：15、16、21、20、22、26、26、18、15、21，号码16、18、20、22分别开出1次，15、21、26开出2次，可见号码15～26这个范围在此位的表现是最好的，这是我们在下期最需要关注的号码，我们可把15～26这个范围的号码作为在这个位置的备选号码。

第六位的走势是：19、18、23、25、26、28、27、24、17、22，号码17、18、19、22、23、24、25、26、27、28分别开出1次，可见号码17～28这个范围在此位的表现是最好的，这是我们在下期最需要关注的号码，我们可把17～28这个范围的号码作为在这个位置的备选号码。

第七位的走势是：23、23、28、30、27、29、29、30、21、27，号码21、28分别开出1次，23、27、29、30开出2次，可见号码23～30这个范围在此位的表现是最好的，这是我们在下期最需要关注的号码，我们可把23～30这个范围的号码作为在这个位置的备选号码。

通过分析，我们得到第一位备选号码是：01、02；第二位备选号码是：03、04、05；第三位备选号码是：09、10；第四位备选号码是：14～25；第五位备选号码是15～26；第六位备选号码是：17～28；第七位备选号码是：23～30。综合七个位置的全部备选号码是：01、02、03、04、05、09、10、14、15、16、17、18、19、20、21、22、23、24、25、26、27、28、29、30，共25个。因此，除了以上25个号码外，号码06、07、08、12、13开出的概率相对较小，可以杀号，也就是说，2016110期的奖号可以从以上25个号码中选择。而2016110期实际的开奖结果是：01、05、09、20、23、26、30。25个备选号码也包含了开奖号码中的6个号码，准确率是相当高了。当然，如果再加一点点运气的成分，从中仔细挑选奖号，那么命中全部7个开奖号码也不是不可能的事。

第三章 均 值

一、原理

1. 每个号码的均值

2007—2016 年（截至 2016118 期）共开出 1499 期数据，每个号码的出号次数见下表：

每个号码均值										
号码	25	21	06	10	18	01	27	29	24	12
总次数	445	438	434	428	425	423	414	411	409	408
号码	20	23	09	08	28	02	19	04	07	05
总次数	408	408	403	401	398	396	396	394	394	391
号码	26	15	13	22	11	16	30	14	17	03
总次数	391	386	384	381	380	380	379	377	356	354

30 个号码在 2007—2016 年开出的次数是不一样的。开出次数最多的是号码 25，开出 445 次；最少的是号码 03，仅仅开出 354 次。由次数可以得到每个号码的均值，由均值就可以得到每个号码出现的概率，概率越大，则开出的可能性也就越大。所以，我们也可以从均值入手，探讨号码的一些性质。

所谓的均值，是指把每个号码从2007—2016年共1499期出现的总次数除以1499，所得到的值，就是这个号码的均值，相当于它的出号概率。例如号码25开出445次，则均值就是445÷1499=0.29，那么0.29这个数字就是号码25均摊在每期的出号个数，即出号概率。

把每个号码开出的次数和均值由高到低排列做成如下的一个表：

号码均值高低排序										
号码	25	21	06	10	18	01	27	29	24	12
总次数	445	438	434	428	425	423	414	411	409	408
均值	0.29	0.29	0.28	0.28	0.28	0.28	0.27	0.27	0.27	0.27
号码	20	23	09	08	28	02	19	04	07	05
总次数	408	408	403	401	398	396	396	394	394	391
均值	0.27	0.27	0.26	0.26	0.26	0.26	0.26	0.26	0.26	0.26
号码	26	15	13	22	11	16	30	14	17	03
总次数	391	386	384	381	380	380	379	377	356	354
均值	0.26	0.25	0.25	0.25	0.25	0.25	0.25	0.25	0.23	0.23

从上表中可以清楚地看到每个奖号的活跃程度，最活跃的6个号码是25、21、06、10、18、01，均值都在0.28以上；最冷落的2个号码是17、03，均值只有0.23。我们可以把30个号码分成三个集团，每个集团10个号码：第一集团为第一行，第二集团为第二行，第三集团为第三行。这样分的好处是：第一集团的号码是次数和均值都比较大的，属于热号，当然要重点关注，一般来说都会开出2个号码以上；第三集团的号码相对来说开出的概率比较低，一般来说都会开出2个号码以下。这样我们就能得到三个集团的排列数据：

第一集团			第二集团			第三集团		
号码	总次数	均值	号码	总次数	均值	号码	总次数	均值
25	445	0.29	20	408	0.27	26	391	0.26
21	438	0.29	23	408	0.27	15	386	0.25
06	434	0.28	09	403	0.26	13	384	0.25
10	428	0.28	08	401	0.26	22	381	0.25
18	425	0.28	28	398	0.26	11	380	0.25
01	423	0.28	02	396	0.26	16	380	0.25
27	414	0.27	19	396	0.26	30	379	0.25
29	411	0.27	04	394	0.26	14	377	0.25
24	409	0.27	07	394	0.26	17	356	0.23
12	408	0.27	05	391	0.26	03	354	0.23

比如 2016110 期实际的开奖结果是：01、05、09、20、23、26、30。其中出在第二集团的号码有 4 个：05、09、20、23，第三集团的号码有 2 个：26、30，第一集团的号码只有 1 个：01。这样的出号格局就是最典型的分配方式，是我们在实际的选号过程中最需要关注的。用一句通俗的话来说，就是第一、二集团的号码比较容易出，第三集团的号码相对开出较少。利用这三个集团的特性，我们就可以对这些号码设定一个出号范围：第一集团出号 2 ~ 5 个；第二集团出号 2 ~ 5 个；第三集团出号 0 ~ 3 个。这样的话，就可以这些条件通过彩票软件进行精简，或者用这些号码检验自己 1 注号码的合理性。比如说，选择的 7 个号码里，有 5 个或以上的号码都是第三集团的号码，或者只有 1 个或 0 个号码在第一、二集团里面，这时就需要重新认真考虑了，节省了投资相当于赢得了奖金，把一些中奖概率最小的组合删除，也就是我们通常所说的聪明组合投注。

2. 分位均值

30 个号码按照由小到大的顺序，第一个号码对应第一个位置，称为第一位；第二个号码对应第二个位置，称为第二位……那么我们就可以统计出在每个位置上开出的号码的均值。2007—2016 年（截至 2016118 期）共开出 1499 期数据，其年度均值表与总均值表如下：

2007—2016 年 总 均 值 表							
位数	一位	二位	三位	四位	五位	六位	七位
总和	5701	11722	17468	23516	29237	34902	40613
均值	3. 80	7. 81	11. 65	15. 68	19. 50	23. 28	27. 09

上表中，第一位的总和 5701，是指所有在此位开出的号码的相加，也就是总和；第一位的均值 3. 80 是把 5701 除以 1499 期得到的数据。这样的话，在每个位置上的均值，就代表了在这个位置上的基本落点，我们把这个基本落点，称为“基点”，按照四舍五入的规则，第一位的基点是 04，第二位是 08，第三位是 12，第四位是 16，第五位是 20，第六位是 23，第七位是 27。这样得到了 7 个基点号码：04、08、12、16、20、23、27。这 7 个基点号码与 7 个热点号码 01、07、10、18、19、25、30 是我们在选号时需要重点关注的对象，可以设定出 1 ~4 个条件，在长期的选号中，它应该起着至关重要的作用。

二、应用实例

通过上面的分析，我们已经知道，第一位的基点是 04，第二位是 08，第三位是 12，第四位是 16，第五位是 20，第六位是 23，第七位是 27。这就告诉我们，我们选取号码的时候，应该以每位的基点为参照，从而判断出下一期的走势。

我们以 2016100—2016109 期为例，推断 2016110 期的号码走势。首先做一个 10 期表：

期数	一位	二位	三位	四位	五位	六位	七位	和值	特码
2016100	06	09	13	14	15	19	23	99	18
2016101	01	03	09	10	16	18	23	80	07
2016102	01	03	10	19	21	23	28	105	09
2016103	02	04	10	15	20	25	30	106	01
2016104	02	07	09	18	22	26	27	111	19
2016105	12	13	24	25	26	28	29	157	07
2016106	04	06	17	25	26	27	29	134	15
2016107	06	10	16	17	18	24	30	121	22
2016108	04	05	09	14	15	17	21	85	12
2016109	02	03	13	18	21	22	27	106	06

第一位基本的活动范围是从 01 ~ 06，其中 02 开出的次数共 3 次，那么 02 在最近 10 期的均值就是 0. 3（近 10 期号码 02 均摊在每期里的个数），其次是 01、04 和 06，它们的均值都是 0. 2。故我们把号码 01、02、04、06 作为下期选号的参考。

第二位基本的活动范围是从 03 ~ 13，最热的号码 03 开出 3 次，均值是 0. 3。其他均开出 1 次，均值是 0. 1，故我们可把均值最高的号码 03 作为下期选号的首选。

第三位基本的活动范围是从 09 ~ 24，最热的号码 09 开出 3 次，均值是 0. 3。号码 10、13 均开出 2 次，均值是 0. 2。故我们可把均值最高的三个号码 09、10、13 作为下期选号的备选。

第四位基本的活动范围是从 10 ~ 25，最热的号码 14、18、25 均开出 2 次，均值是 0. 2。故我们可把均值最高的 3 个号码 14、18、25 作为下期选号的备选。

第五位基本的活动范围是从 15 ~ 26，最热的号码 15、21、26 均开出 2 次，均值是 0.2，故我们可以把 15、21、26 作为下期的备选号码。

第六位基本的活动范围是从 17 ~ 28，此位均开出 1 次，考虑第六位多是大号码，故我们可以把号码 25、26、27、28 作为下期的备选号码。

第七位基本的活动范围是从 21 ~ 30，此位的最热号码是 23、27、29、30，均开出 2 次，均值是 0.2，故我们可以把号码 23、27、29、30 作为下期的备选号码。

通过分析，我们得到第一位备选号码是：01、02、04、06；第二位备选号码是：03；第三位备选号码是：09、10、13；第四位备选号码是：14、18、25；第五位备选号码是：15、21、26；第六位备选号码是：25、26、27、28；第七位备选号码是：23、27、29、30。综合 7 个位置的全部备选号码是：01、02、03、04、06、09、10、13、14、15、18、21、25、26、27、28、29、30，共 18 个。而 2016110 期实际的开奖结果是：01、05、09、20、23、26、30，除了第三位至第五位的号码分析有所出入外，其他的四个位置分析全部正确！而 18 个备选号码也包含了开奖号码中的 4 个号码，准确率是相当高了。当然，如果再加一点点运气的成分，推断出第三位至第五位的出号的话，那么命中全部 7 个开奖号码也是非常有可能的事。

次数分析法与均值分析法的原理是相当的，因为一个号码的次数高低，直接就决定了均值的高低。只是均值的作用在于规定了 7 个位置的基点，我们在选号时不仅要看某个号码的次数多少，还要考虑在某一个位置的基点号码是否有开出的可能。毫无疑问，这两种方法相结合，必然会给我们的选号带来非常大的帮助，博中大奖也只是时日问题了。

第四章 奇 偶

一、原理

1. 定义

奇偶，即奇数和偶数。所谓的奇数，就是除 2 余 1 的数，也称单数；所谓的偶数，就是除 2 余 0 的数，也称双数。30 个号码，奇数共 15 个，它们是 01、03、05、07、09、11、13、15、17、19、21、23、25、27、29；偶数共 15 个号码，它们是 02、04、06、08、10、12、14、16、18、20、22、24、26、28、30。很明显，奇数和偶数各占半壁江山。

按照排列组合的算法，从 30 个奖号中任意取 7 个号码的种数为 2035800 种。1 注号码共 7 个，奇数或偶数都有可能出现，但奇数只能在 15 个奇数号码中选择，而偶数也只能在 15 个偶数号码中选择。

从 15 个奇数中取 7 个奇数的种数是 6435 种，那么它占总数的百分比就是 6435 ÷ 2035800 = 0.32%。同理：

出 6 个奇数、1 个偶数的种数为 75075，约占总数的 3.69%；

出 5 个奇数、2 个偶数的种数为 315315，约占总数的 15.49%；

出 4 个奇数、3 个偶数的种数为 621075，约占总数的 30.51%；

出 3 个奇数、4 个偶数的种数为 621075，约占总数的 30.51%；

出 2 个奇数、5 个偶数的种数为 315315，约占总数的 15.49%；

出 1 个奇数、6 个偶数的种数为 75075，约占总数的 3.69%；

全部为偶数号的种数为 6435，约占总数的 0.32%。

通常我们所说的奇偶比，就是奇数和偶数的比例。出 5 个奇数 2 个偶数就是 5：2，以此类推。

2. 奇偶统计

2007—2016 年（截至 2016118 期）共开出 1499 期数据，其奇偶出号情况做成如下一个表。

2007—2016 年奇偶统计															
奇数	01	03	05	07	09	11	13	15	17	19	21	23	25	27	29
次数	423	354	391	394	403	380	384	386	356	396	438	408	445	414	411
总和	5983														
偶数	02	04	06	08	10	12	14	16	18	20	22	24	26	28	30
次数	396	394	434	401	428	408	377	380	425	408	381	409	391	398	379
总和	6009														

可以看到，在 1499 期的开奖历史数据中，开出的奇偶总数应是 1499×8（含特别号）=11992 个，理论上来计算的话，奇偶应各占一半，应开出 11992÷2=5996 个。

实际上，奇数出了 5983 次，比平均值 5996 个略低；偶数出了 6009 次，比平均值略高。但在总体上来看，奇偶的比值非常接近于 1：1，这也说明奇偶在很长的一段时间内，还是趋于平衡的。

3. 分位奇偶

把出现在每一个位置的奇偶号码，用从 2017—2016 年（截至

2016118 期）共 1499 期的历史数据做一个表来统计，然后我们再来讨论每一个位置的奇偶走势。

	一位	二位	三位	四位	五位	六位	七位	总计
奇数	830	737	754	711	728	790	667	5217
偶数	669	762	745	788	771	709	832	5276
偏差	161	-25	9	-77	-43	-81	-165	-59

由上表可以知道，第一位开出奇数 830 次，偶数 669 次，奇数比偶数多 161 次，则奇偶偏差就是 161，说明第一位开出奇数的概率比偶数要大得多；同样的分析方法，我们可以得到第二位以偶数为主，第三位以奇数为主，第四位以偶数为主，第五位以偶数为主，第六位以奇数为主，第七位以偶数为主。也就是说，最有可能出现的奇偶形态是：奇偶奇偶偶奇偶。

说明这种奇偶类型必定是我们以后经常要注意的。而在具体的分位奇偶分析当中，我们又要以每一个位置的走势来判断。

比如说，第一位连续几期都是出偶数，那么，下一期我们必定要重点关注奇数，因为奇数在第一位开出的概率是最大的；如果第七位连续几期都开出奇数，那么下期我们必定要重点关注偶数了，因为偶数在第七位开出的概率也是最大的。这样分析的话，我们就能够准确地抓住奇偶的分布了。如果能够准确地判断出每一个位置的奇偶形态，那么对于我们选号的帮助是非常大的。当然，这就需要我们具有敏捷的思维，能够察觉到应该朝着哪个方向变化，然后不断地积累经验，寻找机遇，方能擒获大奖。

二、应用举例

通过上面的分析，我们已经知道，奇偶比 4：3 或 3：4 的可能性是最高的，它们占了60%多。第一位是以奇数为主，第二位以奇数为主，第三位以奇数为主，第四位以偶数为主，第五位以偶数为主，第六位以奇数为主，第七位以偶数为主。也就是说，最有可能出现的奇偶形态是：奇奇奇偶偶奇偶。

我们以2007—2016年（截至2016118期）共开出的1499期数据为例，推断2016110期的号码走势，首先做一个10期表：

期数	一位	二位	三位	四位	五位	六位	七位	和值	特码
2016100	06	09	13	14	15	19	23	99	18
2016101	01	03	09	10	16	18	23	80	07
2016102	01	03	10	19	21	23	28	105	09
2016103	02	04	10	15	20	25	30	106	01
2016104	02	07	09	18	22	26	27	111	19
2016105	12	13	24	25	26	28	29	157	07
2016106	04	06	17	25	26	27	29	134	15
2016107	06	10	16	17	18	24	30	121	22
2016108	04	05	09	14	15	17	21	85	12
2016109	02	03	13	18	21	22	27	106	06

然后，我们再按照每个位置对应奇偶情况统计如下：

期数	一位	二位	三位	四位	五位	六位	七位	和值	特码	奇数	偶数
2016100	偶	奇	奇	偶	奇	奇	奇	99	18	5	2
2016101	奇	奇	奇	偶	偶	偶	奇	80	07	4	3
2016102	奇	奇	偶	奇	奇	奇	偶	105	09	5	2
2016103	偶	偶	偶	奇	偶	奇	偶	106	01	2	5
2016104	偶	奇	奇	偶	偶	偶	奇	111	19	3	4
2016105	偶	奇	偶	奇	偶	偶	奇	157	07	3	4

续表

期数	一位	二位	三位	四位	五位	六位	七位	和值	特码	奇数	偶数
2016106	偶	偶	奇	奇	偶	奇	奇	134	15	4	3
2016107	偶	偶	偶	奇	偶	偶	偶	121	22	1	6
2016108	偶	奇	奇	偶	奇	奇	奇	85	12	5	2
2016109	偶	奇	奇	偶	奇	偶	奇	106	06	4	3
总计										36	34

可见，奇数共开出 36 次，偶数开出 34 次，奇数占了很大的优势。这就告诉我们一个道理：奇数必然是近期的热点，是我们需要重点考虑的对象。

第一位偶数开出 8 次，奇数开出 2 次，此位偶数的总体出号应该是要优于奇数的，故下期开始我们可以重点关注奇数。

第二位有一个非常明显的特点，就是奇数一旦开出的话，连续性非常强，现在刚刚开出一期奇数，那么下一期继续开出奇数的可能性就非常大，故下期此位我们可以重点关注奇数。

第三位也有一个非常明显的特点，就是奇数一旦开出的话，连续奇数一般不会超过三期，而现在已经开出两期奇数，那么下一期继续开出奇数的可能性也有，故下期此位我们可以奇偶兼顾。

第四位的走势不是很明显，因为偶数一旦开出的话，出一期或者连续出两期都有可能，故下期此位我们应奇偶兼顾。

第五位的偶数一旦开出的话，连续性也非常强，现在连续回补奇数，那么下一期继续开出奇数的可能性就非常大，故下期此位我们可以重点关注奇数。

第六位的理论热号应是奇数，且奇偶间隔开出，故下期此位我们应奇偶兼顾。

第七位奇数已经连续 2 期开出，有连续开出 3 期的可能，但此位的理论热号应是偶数，故下期此位我们可以奇偶兼顾。

而2016110 期实际的开奖结果是：01、05、09、20、23、26、30，奇偶分布是：奇奇奇偶奇偶偶。可见，和我们的分析是基本吻合的。这就是奇偶分析的实际应用，虽然不能具体到某个号码，但是，它却把每个位置上的奇偶性指明，选号时，我们就严格按照奇偶分配号码，只要不符合在某个位置上的奇偶性，我们就可以删除，利用一些彩票软件的缩水功能，可以把200 多万种组合优化到几万注、几千注甚至几百注，从而节约了资金，增大了中奖的概率。奇偶分析法是最主流并且最实用的方法，长期摸索，必将能够掌握规律，夺取大奖。

第五章 大 小

一、原理

1. 概念

在七乐彩里面，“大小”的定义和区间是息息相关的。一般来说，按照2区分法的话，小号是指01～15，大号是指16～30；按照3区分法的话，01～10称为小号，11～20称为中号，21～30称为大号。所以讨论大小，其实也就是讨论区间的问题，分析方法也和区间的分析方法相似。

2. 大小统计

所谓的大小，第一种分法就是把30个号码分为大号和小号两类，01～15为小号，16～30为大号，大号和小号都包含15个号码。开奖号是7个号码，那么均摊在大号的个数就应是：7÷2＝3.5个，即理论出号个数是大号或小号均开出3.5个奖号。大小分法最大的优点就是分区简单，概念明确，一目了然；而缺点就是分区不细，只能判断大概的出号范围。下面我们先来看看2007—2016年（截至2016118期）大小（包含特别号）分法的出号统计情况。

小号															
号码	01	02	03	04	05	06	07	08	09	10	11	12	13	14	15
次数	423	396	354	394	391	434	394	401	403	428	380	408	384	377	386
总数	5953														
大号															
号码	16	17	18	19	20	21	22	23	24	25	26	27	28	29	30
次数	380	356	425	396	408	438	381	408	409	445	391	414	398	411	379
总数	6039														

2007—2016年（截至2016118期）开出共1499期的开奖数据，其中大号与小号的出号个数相当。小号开出5953个，大号开出6039个。大小分法的理论分布个数与实际出号个数相差不大，这也说明了一个问题：在很长的一段时间里，大号与小号的出号个数比应接近于1∶1。

第二种分法，就是把30个号码分成大中小三类号码，01～10为小号，11～20为中号，21～30为大号，各类号码都包含10个号码。开奖号是7个号码，那么均摊在每类号码的个数就应是：7÷3=2.33个，即理论出号个数是每类号码开出2.33个号码。大中小分法最大的优点就是每类号码的个数相同，分布对称，利于分析研究。下面我们先来看看2007—2016年（截至2016118期）大小（包含特别号）分法的出号统计情况。

小号										
号码	01	02	03	04	05	06	07	08	09	10
次数	423	396	354	394	391	434	394	401	403	428
总数	4018									

续表

中　号										
号码	11	12	13	14	15	16	17	18	19	20
次数	380	408	384	377	386	380	356	425	396	408
总数	3900									
大　号										
号码	21	22	23	24	25	26	27	28	29	30
次数	438	381	408	409	445	391	414	398	411	379
总数	4074									

2007—2016 年（截至 2016118 期）开出共 1499 期的开奖数据，其中大中小的出号个数相当。总体来看，大号偏热、中号偏冷。大号 21、23、24、25、27、29 出号都在 400 个以上，是走热的主要原因。中号 11、13、14、15、16、17、19 出号都在 400 个以下，是此区走冷的主要原因。而小号既有走热的号码 01、06、08、09、10，也有走冷的号码 02、03、04、05、07，所以综合起来，小号就处于不冷不热的状态。这就告诉了我们一个信息：大号是我们今后需要重点关注的号码类型。

二、应用实例

按照大小分法，我们以 2007—2016 年（截至 2016118 期）共开出的 1499 期数据为例，推断 2016110 期的号码走势，首先做一个 10 期表：

期　数	一位	二位	三位	四位	五位	六位	七位	和值	特码
2016100	06	09	13	14	15	19	23	99	18
2016101	01	03	09	10	16	18	23	80	07
2016102	01	03	10	19	21	23	28	105	09

续表

期　数	一位	二位	三位	四位	五位	六位	七位	和值	特码
2016103	02	04	10	15	20	25	30	106	01
2016104	02	07	09	18	22	26	27	111	19
2016105	12	13	24	25	26	28	29	157	07
2016106	04	06	17	25	26	27	29	134	15
2016107	06	10	16	17	18	24	30	121	22
2016108	04	05	09	14	15	17	21	85	12
2016109	02	03	13	18	21	22	27	106	06

然后，相应地把出号个数也做出一个表：

期　数	小号	大号
2016100	5	2
2016101	4	3
2016102	3	4
2016103	4	3
2016104	3	4
2016105	2	5
2016106	2	5
2016107	2	5
2016108	5	2
2016109	3	4

可见，小号走势是：5434322253，也就是说，小号基本的活动范围是2～5枚，此区近期的出号以3～4枚为主，这应是近期的一个走势，故我们可以设定小号在下期出号范围3～4枚。

大号走势是：2343455524，可见，大号基本的活动范围是2～5枚，明显要比小号热，近期也处于热出状态中，下期出号应不会少于3枚，甚至走热开 5 枚，故我们可以设定大号下期出号范围 3 ~5 枚。

通过分析，我们可以得到 2016110 期的大小分布，大致就是：小号出 3 ~4 枚；大号出 3 ~5 枚。

期　数	一位	二位	三位	四位	五位	六位	七位	和值	特码
2016110	01	05	09	20	23	26	30	114	7

而 2016110 期实际的开奖结果是：01、05、09、20、23、26、30，大小分布是：小号出 3 枚；大号出 4 枚。

可见，大小号码判断范围全部正确，这就是大小分法的实际应用，这种分法，每个区间有 15 个号码，它和区间分法里的 2 区分法原理是一样的。

第六章 和 值

一、原理

1. 概念

和值是七乐彩参数中最常用的参考指标之一。和值的概念，是指每次摇奖仅产生的 7 枚号码之和。这就决定了 7 个开奖号码的最小和值为：01 +02 +03 +04 +05 +06 +07 =28，而 7 个奖号的最大和值则为：24 +25 +26 +27 +28 +29 +30 =189，并且它们只有各自唯一的 1 注结果与其和值相匹配。故和值的范围应该是从 28 ~189。我们把最小值 28 点加最大值 189 点再除以 2 后得 109 点称为和值中点。和值中点的指出，为我们在往后的和值取值范围提供了大的方向。也就是说，和值基本的活动点就是在 109 左右。一般情况下，我们在设定和值范围时，应以 109 点左右 10 个单位长度为佳，但具体情况我们还需要具体分析。

由于和值是一个比较模糊的指标，因此相对选具体的号码来说它就简单很多，把握好和值也就基本把握了号码的大方向。

2. 和值统计

首先我们把2007—2015年共1381期的和值出号情况做成一个表。

年度	2007年	2008年	2009年	2010年	2011年	2012年	2013年	2014年	2015年	总计
和值	16423	16836	16915	16777	17032	17070	16185	16815	16534	150587
期数	153	154	153	154	153	154	153	154	153	1381
平均	107.33	109.32	110.55	108.94	111.32	110.84	109.90	109.18	108.06	109.04

由上表可知，2007年的平均和值是107.33，比和值中点109低；2008年的平均和值是109.32，比和值中点109略高；2009年的平均和值是110.55，比和值中点109略高；2010年的平均和值是108.94，比和值中点109略低；2011年的平均和值是111.32，比和值中点109略高；2012年的平均和值是110.84，比和值中点109略高；2013年的平均和值是109.90，比和值中点109略高；2014年的平均和值是109.18，比和值中点109略高；2015年的平均和值是108.06，比和值中点109略低。

从上表可以反映出，平均和值在逐年上涨，而综合2007年到2015年，平均和值是109.04，与和值中点109非常地接近。可见和值中点109必定是我们关注的落点中心。

和值的理论范围应该是28～189，但是在实际的开奖中，最小值不可能达到28，同样，最高值也不可能达到189。2007年到2015年开出的1381期号码中，和值最低值是36，在2014007期开出：01、02、03、04、07、08、11；最高和值是171，在2008070期开出：15、18、25、26、28、29、30。

和值出现次数最高的是111，共出现46次；其次是103，出现34次，刚好是位于和值109左右两侧；而和值113也有33次的表现。可见，出现频率最高的和值，基本是位于109左右。以下33个和值是1381期内出现次数最高的，均在10次以上，见下表。这些和值也是我们在确定具体和值的一个重要参考指标。

和值	111	103	113	98	116	110	108	124	114	119	100	121	118	101	112	97	96
次数	46	34	33	31	30	30	30	29	28	27	27	25	25	25	24	24	24
和值	126	120	109	106	104	129	99	123	92	91	87	137	125	89	85	84	
次数	23	23	23	23	23	21	21	20	20	20	20	19	19	19	19	19	

要比较精确地把握和值，除了看和值走势以外，还可以看区间比的变化趋势判断。按照最常用的3区分法，第一区的号码是01～10，第二区的号码是11～20，第三区的号码是21～30。假如您看好第一区间，就是说第一区出3个号甚至更多的话，那么总体的7个号码的和值必然就会很低；假如您看好第三区间，就是说第三区出3个号甚至更多的话，那么总体的7个号码的和值必然就会很高。也就是说，和值大小和区间分布是息息相关的。

另外还有一些常用指标的分析和估计的方法，比如利用和值的五期平均值来判断和值走势。又比如单期振幅值、振幅平均值等，可通过判断和值振幅变化走势来预测和值范围，还有位置和值中的首尾定位和值等，对和值分析都有很大的参考价值。

一般来说，和值只是能够判断出7个号码的总和，并不能具体到某个号码。和值的运用必须要配合其他的参数，如区间、奇偶、大小等综合分析，才能准确定号。

二、应用实例

通过上面的分析，和值的理论范围是28～189，和值中点是109。

我们以2007—2016年（截至2016118期）共开出的1499期数据为

例，推断2016110期的号码走势，首先做一个10期表：

期数	一位	二位	三位	四位	五位	六位	七位	和值	特码
2016100	06	09	13	14	15	19	23	99	18
2016101	01	03	09	10	16	18	23	80	07
2016102	01	03	10	19	21	23	28	105	09
2016103	02	04	10	15	20	25	30	106	01
2016104	02	07	09	18	22	26	27	111	19
2016105	12	13	24	25	26	28	29	157	07
2016106	04	06	17	25	26	27	29	134	15
2016107	06	10	16	17	18	24	30	121	22
2016108	04	05	09	14	15	17	21	85	12
2016109	02	03	13	18	21	22	27	106	06

近10期的和值走势是：99、80、105、106、111、157、134、121、85、106，可见和值范围是80～157，其中，80～90的范围有2次；91～100的范围有1次；101～110的范围有3次；111～120的范围有1次，121以上有3次。可见，最短缺的范围是91～100与111～120，均仅仅开出1次，所以，这个范围可以说是极度走冷了，冷到极点的话，必然会转热。也就是说，下期开始，101～120这个范围是我们需要重点关注的。因此我们可以设定一个下期的和值范围：101～120。

而2016110期实际的开奖结果是：01、05、09、20、23、26、30，和值是114，和预测的和值范围非常吻合。可能有的人认为，和值只是判断号码的一个总和，对实际选什么号码，没有太大的帮助。而我们要说的是：不，和值非常重要！因为，每一个和值范围都对应着特定的一类号码，相当于把200多万种组合分成几个部分，每期的出号就是对应着上面的某个部分的7个号码，只要和值范围正确，那么，命中7个开奖号码的概率就大大地提高了。

第七章 热 温 冷

一、原理

1. 概念

七乐彩的热温冷概念，是针对具体的号码来说的。简单地说，出号次数多的就是热码，出号次数少的就是冷码，不冷不热的就是温码。那到底怎么样才算热，怎么样才算冷呢，这就要看你从什么时段开始统计了。

2. 热温冷统计

我们以2007—2016年（截至2016118期）共开出的1499期数据为依据。

热 温 冷										
热号	25	21	06	10	18	01	27	29	24	12
总次数	445	438	434	428	425	423	414	411	409	408

续表

热 温 冷										
温号	20	23	09	08	28	02	19	04	07	05
总次数	408	408	403	401	398	396	396	394	394	391
冷号	26	15	13	22	11	16	30	14	17	03
总次数	391	386	384	381	380	380	379	377	356	354

最热的号码是25，开出445次，其次是21开出438次……热号就是出号概率非常高的号码，是我们在每期选号过程必不可少的重点考虑因素。在这里，我们可以把上表中第一行看作热号，共10个号码，分别是：

热号	25	21	06	10	18	01	27	29	24	12

冷号就是出号概率非常低的号码，它一般很难开出，每期都是我们考虑作杀号的主要对象。在这里，我们可以把上表中第五行看作冷号，共10个号码，分别是：

冷号	26	15	13	22	11	16	30	14	17	03

温号是介于热号与冷号之间的号码，它也是选号的一个必不可少的因素，很多时候我们需要用温号去调剂选号的冷热搭配。在这里，我们可以把上表中第三行看作温号，共10个号码，分别是：

温号	20	23	09	08	28	02	19	04	07	05

假如某期一个热号都没有出现，那么下期开始，必定要重点关注热号的表现；假如某期出了很多冷号，那么从下期开始，必定要少关注一些冷号了。

3. 热温冷分位统计

分位热温冷																								
一位	01	02	03	04	06	05	07	08	09	11	10	12	13	14	15	16								
次数	371	282	193	166	132	127	62	46	40	26	18	18	7	4	4	3								
二位	7	5	6	4	8	9	10	3	11	2	12	13	14	15	16	17	18	19	20	21	22	23		
次数	167	149	149	143	134	126	117	106	84	74	64	46	43	34	25	12	9	9	3	3	1	1		
三位	10	11	09	13	12	08	14	07	06	15	16	17	05	18	19	04	20	21	03	23	24	22	25	
次数	144	128	123	116	114	103	103	102	87	87	77	67	56	56	39	27	25	17	11	7	6	5	2	
四位	18	16	15	13	19	12	20	14	17	21	10	11	22	09	23	08	07	24	25	06	26	05	04	
次数	134	121	114	113	112	108	105	101	90	79	77	74	49	44	44	43	23	23	17	16	10	3	2	
五位	19	20	21	17	23	22	18	16	24	14	15	13	25	12	11	26	09	10	08	27	07	06	05	
次数	133	131	125	123	116	111	106	103	91	75	75	71	56	50	35	33	19	15	11	10	9	3	1	
六位	25	26	24	23	27	22	21	28	20	29	19	18	17	16	15	14	12	11	10	13	09	08		
次数	173	163	148	142	141	119	114	106	81	77	72	41	39	27	22	10	8	7	5	4	2	1		
七位	30	29	28	27	26	25	24	23	22	21	20	18	19	16	12	17	11	15	14					
次数	332	274	228	187	127	112	75	53	34	30	17	11	6	5	3	3	2	2	1					

由上表可见，第一位的热号是01、02、03、04、06、05，开出的次数均在127次以上；冷号是13、14、15、16，开出的次数均在7次以下；其余的号码均为温号。而开出次数为0的号码，是比冷号还冷的号码，在此位开出的概率是非常小甚至不可能的，所以我们基本上可以不讨论。按照同样的分析方法，我们可以得到每个位置上的热号和冷号。这样，能够根据热号较容易出号、冷号较难出号的规律，适当安排热温冷号码的比例。可以设定如此条件：热号出2~5个，温号1~4个，冷号0~3个。这样的出号范围，在绝大多数的情况下是起作用的。这就说明了热温冷比例在实际应用中的作用。虽然不可能每期都完全符合，但是只要连续几期内不符合的话，从下期开始就重点关注标准的热温冷出号范围，那么就必有收获。

二、应用实例

通过上面的分析，我们知道热温冷的概念。以 2007—2016 年（截至 2016118 期）共开出的 1499 期数据为依据，热温冷的全部分类如下：

热号	25	21	06	10	18	01	27	29	24	12
温号	20	23	09	08	28	02	19	04	07	05
冷号	26	15	13	22	11	16	30	14	17	03

以上的分类只是所有的开奖数据统计得出来的结果，但是在某一个时期内，可能不会发挥很大的作用，这就需要我们利用短期的数据来进行热温冷的分析，才能准确定号。以下我们以 2016100—2016109 期的热温冷走势为例，推断 2016110 期的出号。首先做一个 10 期表：

期　数	一位	二位	三位	四位	五位	六位	七位	和值	特码
2016100	06	09	13	14	15	19	23	99	18
2016101	01	03	09	10	16	18	23	80	07
2016102	01	03	10	19	21	23	28	105	09
2016103	02	04	10	15	20	25	30	106	01
2016104	02	07	09	18	22	26	27	111	19
2016105	12	13	24	25	26	28	29	157	07
2016106	04	06	17	25	26	27	29	134	15
2016107	06	10	16	17	18	24	30	121	22
2016108	04	05	09	14	15	17	21	85	12
2016109	02	03	13	18	21	22	27	106	06

第一位的号码 01 开出 2 次，04 开出 2 次，06 开出 2 次，02 开出 3 次，属于热号；号码 12 开出 1 次，属于温号；而号码 03、05 没有出过，属于冷号。根据奖号“热号恒热”特点，我们可把 01、04、06、

02 作为第一位的备选。

第二位的号码 04、05、06、07、09、10、13 分别开出 1 次，属于温号。而03 开出3 次，可见号码03 是热号，而03 此位已经开出3 期，应当防备热极必反。因此，下期此位以温号为主。此位，我们重点关注号码热号04、05、06 的表现。

第三位的号码 10 开出2 次，09 开出3 次，可见号码09、10 在此位的表现是最好的，属于近 10 期的热号；号码 13、16、17、24 分别开出 1 次，属于温号；其他未开出的号码，均属于冷号。但在此位，有一个非常明显的规律，就是号码逐步在降低，故我们下期应关注不超过 10 的号码。而第三位的号码又不能太低，故我们可以大胆地判断，下期有可能重号，也就是说，继续在此位开出 09 ~ 11 的可能性最大，故我们把 09 ~ 11 作为此位的选择。

第四位的号码 14、25 开出 2 次，可见号码 14 ~ 25 在此位的表现是最好的，属于热号；号码 10、15、17、18、19 分别开出 1 次，属于温号；其他未开出的号码，均属于冷号。在此位，有一个非常明显的规律，就是号码在 10 以上、20 以下，以 14、15 为最佳选择，防范此位的理论热号 16、17 的表现，故我们下期应关注的号码有 4 个：14、15、16、17。

第五位的号码 15、21、26 开出 2 次，可见号码 15 ~ 26 这个范围在此位的表现是最好的，属于近 10 期的热号；而 16、18、20、22 均开出 1 次，属于温号。在此位，有一个非常明显的规律，就是号码一旦开出在 20 以上，那么下期则会突然降低，备选范围可以设定在 20 ~ 25，故我们下期应关注的号码有 6 个：20、21、22、23、24、25。

第六位的号码 17、18、19、22、23、24、25、26、27、28 分别开出 1 次。在此位，有一个非常明显的规律，就是号码的分布非常零散，基本上不会开出近 10 期内的号码，也就是说，近 10 期内没开出的号码：20、21需要特别注意，故我们下期应关注的号码有2个：20、21。

第七位的号码23、27、29、30开出2次，可见号码23～30这个范围在此位的表现是最好的，属于近10期的热号；而号码21、28分别开出1次，属于温号。在此位，有一个非常明显的规律，就是号码30每隔1～2期就会开出1次，下期我们可以大胆推断30会在此位开出，故我们下期应关注的号码有1个：30。

通过分析，我们可以得到每个位置上的号码备选，第一位是：01、04、06、02；第二位是：04、05、06；第三位是：09、10、11。第四位是：14、15、16、17。第五位是：20、21、22、23、24、25。第六位是：20、21。第七位是：30。而2016110期实际的开奖结果是：01、05、09、20、23、26、30。除了第四、六位的预测有所出入，其他的位置分析基本正确！但是所列出的号码已经包含了全部的7个开奖号码！这就是热温冷的分析方法的威力所在，在实际的分析过程中，是不可或缺的一种分析手段。

第八章 尾数

一、原理

1. 概念

所有的数字型彩票，其尾数都不离0~9这10个数字。在七乐彩的30个号码中，每一个号码的个位数，我们把它称为尾数。尾数的研究方法是七乐彩研究最重要的参数之一。因为在0~9这10个尾数中选择几个尾数，比在30个号码中选出几个号码的难度要小得多，只要尾数选择正确，那么中出7个号码的概率就大多了。因此尾数走势图通常是用来作为号码第一次筛选的最有效的依据，而它也可以使号码选择的范围大大地缩小。

2. 尾数分类

30个号码按照尾数，可以分为10类，每个尾数为1类，每类3个号码。尾0号码有3个，分别是10、20、30；尾1号码有3个，分别是01、11、21；以此类推……我们可以把30个号码按照尾数的分类，列成一个表，如下：

小尾	尾0			尾1			尾2			尾3			尾4		
奖号	10	20	30	01	11	21	02	12	22	03	13	23	04	14	24
大尾	尾5			尾6			尾7			尾8			尾9		
奖号	05	15	25	06	16	26	07	17	27	08	18	28	09	19	29

可见，每个尾数都包含3个号码。由于是10个尾号，我们可以把尾0、尾1、尾2、尾3、尾4归为小尾；把尾5、尾6、尾7、尾8、尾9归为大尾。

下面，我们就以尾数为研究对象，看看2007—2016年（截至2016118期）开出共1499期的开奖数据中尾数开出情况，把各个尾数对应的号码开出的次数、总和以及均值全部统计出来，从而寻找各尾数的特点。

2007—2016年尾数分类统计															
小尾	尾0			尾1			尾2			尾3			尾4		
奖号	10	20	30	01	11	21	02	12	22	03	13	23	04	14	24
次数	428	408	379	423	380	438	396	408	381	354	384	408	394	377	409
小计	1215			1241			1185			1146			1180		
合计	5967														
大尾	尾5			尾6			尾7			尾8			尾9		
奖号	05	15	25	06	16	26	07	17	27	08	18	28	09	19	29
次数	391	386	445	434	380	391	394	356	414	401	425	398	403	396	411
总计	1222			1205			1164			1224			1210		
合计	6025														

整体看来，大尾开出6025次，小尾开出5967次，大尾比小尾稍微占优。由上面的数据，可以看到：大尾尾数8是最热的，在全部的1499期开奖数据中，共开出1224次；最冷的小尾尾数3，总共才开出1146

次。这就是说明了，尾号的开出也有概率大小之分。把10个尾号按照平均值由大到小排序，我们可以得到一个尾数的几率排序：1850962473。越排在前面的尾数，出号的概率越大，排列在前面的3个尾数185必定是我们每期要重点关注的，而排列在后面的3个尾数473必定是我们每期考虑作为杀尾的重点，排在中间的尾数0962是属于一般活跃的尾数。一般来说，可以设定这样的条件：尾185出1~3个；尾0962出1~3个；尾473出0~2个。可能在某一期不符合这样的条件，但是，大部分的情况下，这样的条件是成立的。

尾185包括9个奖号：01、11、21、08、18、28、05、15、25；尾0962包括12个奖号：10、20、30、09、19、29、06、16、26、02、12、22；尾473包括9个奖号：07、17、27、03、13、23、04、14、24。也就是说，当由尾数具体到号码时，01、11、21、08、18、28、05、15、25出现的概率比较大，而07、17、27、03、13、23、04、14、24出现的概率比较小。

二、应用实例

通过上面的分析，我们知道了尾数的概念。在2007—2016年（截至2016118期），尾数有冷热之分：尾185为热尾；尾0962为温尾；尾473为冷尾。但是，我们仍需要结合最近10期的尾数走势来判断下期的出尾。

我们以20161001—2016109期数据为例，推断2016110期的号码走势，首先做一个10期表：

期　数	一位	二位	三位	四位	五位	六位	七位	和值	特码
2016100	06	09	13	14	15	19	23	99	18
2016101	01	03	09	10	16	18	23	80	07
2016102	01	03	10	19	21	23	28	105	09

续表

期　数	一位	二位	三位	四位	五位	六位	七位	和值	特码
2016103	02	04	10	15	20	25	30	106	01
2016104	02	07	09	18	22	26	27	111	19
2016105	12	13	24	25	26	28	29	157	07
2016106	04	06	17	25	26	27	29	134	15
2016107	06	10	16	17	18	24	30	121	22
2016108	04	05	09	14	15	17	21	85	12
2016109	02	03	13	18	21	22	27	106	06

然后，再把每期开出的号码，对应的尾数也做成一个表，如下：

期　数	尾0	尾1	尾2	尾3	尾4	尾5	尾6	尾7	尾8	尾9
2016100				2	1	1	1			2
2016101	1	1		2			1		1	1
2016102	1	2		2					1	1
2016103	3		1		1	2				
2016104			2				1	2	1	1
2016105			1	1	1	1	1		1	1
2016106					1	1	2	2		1
2016107	2				1		2	1	1	
2016108		1			2	2		1		1
2016109		1	2	2				1	1	

尾0在近10期开出7次，属于热尾，也就是说它在每期开出的几率比较大，而现在是处于间隔2期未开出的状态之下，故下期可以重点关注它的表现。

尾1在近10期开出5次，最冷之尾，理论上我们不应该过多关注。但是，冷到极限的话，下期也有开出的可能，故尾1我们可以适当关注。

尾2在近10期开出6次，是冷号，这应该是一般的规律，而现在又是处于连续间隔 3 期开出 1 次的状态之下，可以适当关注。因此，我们可以大胆地认为：尾 2 可适当关注。

尾 3 在近 10 期开出 9 次，属于热尾，而现在又是间隔 3 期后开出 2 次，属于极度走热，也就是说，下期可以重点关注。因此，我们可以大胆地认为：尾 3 应该关注。

尾 4 在近 10 期开出 7 次，属于热尾，而现在又是处于走空的状态，但是属于连续第 4 期开出后走空，预计大热之后必然转冷，也就是说，下期再走空的可能性应比较大。因此，我们可以大胆地认为：尾 4 是时候走冷了。

尾 5 在近 10 期开出 7 次，属于热尾，它有一个规律：就是如果开出的话，很难连续 3 期出现，而现在又是处于走空状态，下期再开出的可能性应比较大。因此，我们可以认为：尾 5 应会开出。

尾 6 在近 10 期开出 8 次，属于热尾，但现在处于连续 2 期走空的状态，有些偏冷。从下期起，我们应该要对它关注了。

尾 8 在近 10 期开出 6 次，属于冷号，近期它间隔开出的现象较为突出，下期我们也可以作出大胆判断：尾 8 走空。

尾 9 在近 10 期开出 8 次，属于热尾，而现在刚刚空出 1 期，它有非常强的连续 2 期走空的可能性，但是也有可能被打破规律，也就是说，下期也有开出的可能。

通过分析，我们得出了需要关注的尾数是：0123569，而 2016110 期实际的开奖结果是：01、05、09、20、23、26、30。尾数是 013569，预测的尾数与实际开出的尾数是出奇的吻合。

如果准确地判断出下一期的尾数，对于我们选号所起的作用是非常大的。因为每个尾数对应着 3 个号码，开出的 7 个号码，只要有一对号码是同尾，那么尾数最多就只能有 6 个；如果有两对号码是同尾，那么尾数最多就只能有 5 个。而在实际的开奖过程中，同尾的概率是非常非常大的，基本上大部分的开奖号码都会有同尾。因此，我们一般每期备选的尾数定格在4～6个是最佳的。4个尾数包含12个号码，5个尾数包含15个，6个尾数包含18个，从12～18个号码中选取7个号码的成功率，远远大于从30个号码中选取7个的成功率，前提就是需要我们选取的尾数要正确。

尾数分析方法是很多技术彩民的至爱，长期使用，必将能够发掘尾数选号的精髓所在，为博中大奖又增添了一种非常有威力的武器，造福彩民。

第九章 余数

一、原理

在七乐彩里，余数的分析受到一大部分彩民的钟爱。把30个号码除以一个整数（这个整数也可以称为模），把得到余数相同的放在一起。这样的话，30个号码就被分类了。然后再对分类出来的余数进行分析跟踪研究，就可以发现，各种余数在长期的开奖过程中，也存在着一定的规律。

我们可以把30个奖号除以7，也可以除以6，等等。除以不同的数，所得到的余数也是不同的。下面把除7余数、除6余数……除3余数的分类罗列出来：

除7余数共7组：

除7余1：01　08　15　22　29

除7余2：02　09　16　23　30

除7余3：03　10　17　24

除7余4：04　11　18　25

除7余5：05　12　19　26

除7余6：06　13　20　27

除7余0：07　14　21　28

除6余数共6组：

除6余1：01　07　13　19　25

除6余2：02　08　14　20　26

除6余3：03　09　15　21　27

除6余4：04　10　16　22　28

除6余5：05　11　17　23　29

除6余0：06　12　18　24　30

除5余数共5组：

除5余1：01　06　11　16　21　26

除5余2：02　07　12　17　22　27

除5余3：03　08　13　18　23　28

除5余4：04　09　14　19　24　29

除5余0：05　10　15　20　25　30

除4余数共4组：

除4余1：01　05　09　13　17　21　25　29

除4余2：02　06　10　14　18　22　26　30

除4余3：03　07　11　15　19　23　27

除4余0：04　08　12　16　20　24　28

除3余数共3组：

除3余1：01　04　07　10　13　16　19　22　25　28

除3余2：02　05　08　11　14　17　20　23　26　29

除3余0：03　06　09　12　15　18　21　24　27　30

可见，除7余数有7组，除6余数有6组，就是说除几余数就有几组。这说明了，除的数字越大，分组就越多；分组越多的话，就越精细。但分得太多，又不便于分析，所以目前主流的余数分析有两个大类：除 5 余数、除 3 余数。下面我们就以除 5 余数以及除 3 余数为重点详细讲解如何在实战中应用。

1. 除 5 余数

细心的人不难发现，除 5 余数和尾数有着紧密的联系。

除 5 余 1：01　06　11　16　21　26（尾 1、尾 6 的号码）

除 5 余 2：02　07　12　17　22　27（尾 2、尾 7 的号码）

除 5 余 3：03　08　13　18　23　28（尾 3、尾 8 的号码）

除 5 余 4：04　09　14　19　24　29（尾 4、尾 9 的号码）

除 5 余 0：05　10　15　20　25　30（尾 0、尾 5 的号码）

为了体现它们之间的密切关系，我们可以将尾数和余数结合起来做一个表格，统计出 2007—2016 年（截至 2016118 期）共开出的 1499 期的除 5 余数的出号情况。

除 5 余 数 统 计						
除 5 余 1	尾 1			尾 6		
号码	01	11	21	06	16	26
次数	423	380	438	434	380	391
小计	2446					
除 5 余 2	尾 2			尾 7		
号码	02	12	22	07	17	27
次数	396	408	381	394	356	414
小计	2379					
除 5 余 3	尾 3			尾 8		
号码	03	13	23	08	18	28

续表

除 5 余 数 统 计						
次数	354	384	408	401	425	398
小计	2370					
除5余4	尾4			尾9		
号码	04	14	24	09	19	29
次数	394	377	409	403	396	411
小计	2390					
除5余0	尾0			尾5		
号码	10	20	30	05	15	25
次数	428	408	379	391	386	445
小计	2437					

可见，最热的是除5余1的数，其次是除5余0，余数的活跃程度由高到低排序是：除5余1—除5余0—除5余4—除5余2—除5余3。

这样的话，我们就可以在选号的过程中，跟踪各种余数的规律。假如连续几期，除5余2的号码都没有出现，那么从下期开始，必定要重点关注除5余2的号码，即尾2和尾7的号码，此种号码甚至可能会走热；假如连续几期都出现了除5余4的号码，那么从下期开始，必定要防止它要走空的情况，这时就可以杀掉尾4和尾9的号码。

2. 除3余数

除3余数分为三大类：

除3余0：03　06　09　12　15　18　21　24　27　30

除3余1：01　04　07　10　13　16　19　22　25　28

除3余2：02　05　08　11　14　17　20　23　26　29

它最大的特点就是分类简单，只有三类，都是10个，便于分析。

为了讨论它这三种余数的特性，我们可以统计 2007—2016 年（截至 2016118 期）共开出的 1499 期的除 3 余数的出号情况。

除 3 余 数 统 计										
除 3 余 1	01	04	07	10	13	16	19	22	25	28
次数	423	394	394	428	384	380	396	381	445	398
小计	4023									
除 3 余 2	02	05	08	11	14	17	20	23	26	29
次数	396	391	401	380	377	356	408	408	391	411
小计	3919									
除 3 余 0	03	06	09	12	15	18	21	24	27	30
次数	354	434	403	408	386	425	438	409	414	379
小计	4050									

可见，最热的是除 3 余 0 的号码，其次是除 3 余 1 的号码，最冷的是除 3 余 2 的号码。同理，在选号的过程中，可以跟踪各种余数的规律。假如连续几期，除 3 余 0 的号码都没有出现，那么从下期开始，必定要重点关注除 3 余 0 的号码，此种号码甚至可能会走热；假如连续几期都出现了除 3 余 2 的号码，那么从下期开始，必定要防止它要走空的情况，这时就可以杀掉除 3 余 2 的号码。

二、应用实例

通过上面的分析，我们知道除 3 余数的概念。在 2007—2016 年，余数有冷热之分：除 5 余 1 与除 3 余 0 的号码是最热的；除 5 余 3 与除 3 余 2 的号码是最冷的。

我们以 20161001—2016109 期的余数走势为例，推断 2016110 期的出号，首先做一个 10 期表：

期　数	一位	二位	三位	四位	五位	六位	七位	和值	特码
2016100	06	09	13	14	15	19	23	99	18
2016101	01	03	09	10	16	18	23	80	07
2016102	01	03	10	19	21	23	28	105	09
2016103	02	04	10	15	20	25	30	106	01
2016104	02	07	09	18	22	26	27	111	19
2016105	12	13	24	25	26	28	29	157	07
2016106	04	06	17	25	26	27	29	134	15
2016107	06	10	16	17	18	24	30	121	22
2016108	04	05	09	14	15	17	21	85	12
2016109	02	03	13	18	21	22	27	106	06

然后再分别做出除 5 余数、除 3 余数的走势表：

除 5 余 数 表							
期　数	一位	二位	三位	四位	五位	六位	七位
2016100	1	4	3	4	0	4	3
2016101	1	3	4	0	1	3	3
2016102	1	3	0	4	1	3	3
2016103	2	4	0	1	0	0	0
2016104	2	2	4	3	2	1	2
2016105	2	3	4	0	1	3	4
2016106	4	1	2	0	1	2	4
2016107	1	0	1	2	3	4	0
2016108	4	0	4	4	0	2	1
2016109	2	3	3	3	1	2	2

除 5 余数有 5 种，我们可把除 5 余 0、余 1 的数称为小余数，把余

3、余 4 的数称为大余数，余 2 的数称为中余数。

可见，第一位一旦开出小余数的话，连续期数一般会有 2 期，现在刚刚出了 1 期小余数 0，则下期可继续关注小余数，推荐余 0、余 1 的数。

第二位近 10 期内，大、小余数均有表现，而中余数相当走冷，下期我们可以开始关注大、小余数，也就是余 0、3 的号码。

第三位的大余数表现相当好，近 10 期内有 5 次都是大余数的表现，故我们下期继续关注大余数，推荐余 3、余 4 的号码。

第四位和第三位相当，大余数表现也非常好，大余数居然也有 5 次的表现，说明此位以大余数为主，下期可关注余 3、余 4 的号码。

第五位余数有慢慢缩小的趋势，故下期关注小余数，特别是余 1 的号码。

第六位连续 5 期在中、大余数之间表现，小余数空前走冷，但是，中、大余数的表现可能达到极限，下期应开始关注小余数，推荐余 1、余 0 的号码。

第七位连续两期都是开出中、小余数，也有可能暗示小余数是近期的热点，下期继续关注小余数。

通过分析，我们可以得到各个位置的余数备选情况。而 2016110 期实际的开奖结果是：01、05、09、20、23、26、30，余数按位置的区分是：

期数	一位	二位	三位	四位	五位	六位	七位
2016110	1	0	4	0	3	1	0

可见，实际的开奖结果和预测的除 5 余数非常一致。同样的道理，我们可以做一个除 3 余数的表，如下：

除 3 余 数 表							
期 数	一位	二位	三位	四位	五位	六位	七位
2016100	0	0	1	2	0	1	2
2016101	1	0	0	1	1	0	2
2016102	1	0	1	1	0	2	1
2016103	2	1	1	0	2	1	0
2016104	2	1	0	0	1	2	0
2016105	0	1	0	1	2	1	2
2016106	1	0	2	1	2	0	2
2016107	0	1	1	2	0	0	0
2016108	1	2	0	2	0	2	0
2016109	2	0	1	0	0	1	0

和除 5 余数的分析方法一样，通过按位置分析，我们可以得到第一位可以余 1 号码为主；第二位余 1 或余 0 号码；第三位余 1 号码；第四位余 0 或余 2 号码；第五位余 2 或余 0 号码；第六位余 1 或余 2 号码；第七位余 0 或余 2 号码。而 2016110 期实际的开奖结果是：01、05、09、20、23、26、30，余数按位置的区分是：

期数	一位	二位	三位	四位	五位	六位	七位
2016110	1	2	0	2	2	2	0

可见，除 3 余数分布与实际的开奖结果非常一致。在选号的过程中，我们也可以不考虑按位置来分析，而是按照余数出几个的条件，利用缩水软件进行优化，实质上也就是判断一种余数在开奖号码里所占的个数。余数分析法对常使用软件缩水的人，作用是非常大的。

第十章 五行相生相克

一、概念

五行是指金、木、水、火、土。五行学说是我们祖先对自然界万事所具属性的高度哲学概括。它绝不仅指人们日常生活中见到的五种物质，它更为贴切的内涵是一种对事物的描述和抽象概括。自然界各种事物的发展变化都是这五种物质不断运动和相互作用的结果，五行有以下特征：

水：具有寒冷，向下的特征；

火：具有炎热，向上的特征；

木：具有生发，条达的特征；

金：具有清静，收杀的特征；

土：具有长养，化育的特征。

这五种元素有着相生相克的关系。

二、五行相生

五行相生好比母子，有相亲相爱之情，意味着畅顺、吉祥。如：

木生火：火要依靠柴薪维持燃烧；

火生土：土要依靠太阳普照；

土生金：金要依靠山岩储存；

金生水：水要依靠铁器开导疏通；

水生木：木要依靠雨露灌溉。

在七乐彩里，我们可以把30个号码分别对应五行中的金木水火土，那么号码之间就存在某种相生关系了。

《洛书》有言：一六为水，二七为火，三八为木，四九为金，五十为土。一与六共宗、二与七为朋、三与八成友、四与九同道、五与十共守。目前国内各种乐透型彩票的每一个备选号码，不外乎是五行属性之中的一个号码：水（1，6）、火（2，7）、木（3，8）、金（4，9）、土（5，0）。而根据同尾法则，判断任何号码的五行属性，仅需看它的尾数。也就是说，五行属性由尾数决定。例如，09、19、29等号码属性属金，01、11、21、06、16、26等号码的属性是水。

这样我们就可以作出一个五行对应：

金：04 14 24 09 19 29（除5余4）；

木：03 13 23 08 18 28（除5余3）；

水：01 11 21 06 16 26（除5余1）；

火：02 12 22 07 17 27（除5余2）；

土：05 15 25 10 20 30（除5余0）。

不难发现，其实金对应的是除5余4的号码；木对应的是除5余3的号码……每一个属性都和五种除5余数对应。

自然界事物相互孳生、促进、发展的五行相生规律，促使五行不断运动、升华：水生木、木生火、火生土、土生金、金生水。这就告诉我们，各个属性之间存在某种相依相存的关系，即相生关系：

水（1，6）催生木（3，8）；

木（3，8）催生火（2，7）；

火（2，7）催生土（5，0）；

土（5，0）催生金（4，9）；

金（4，9）催生水（1，6）。

五行相生关系并不是每期都能奏效，因为七乐彩的开奖是随机的，出什么样的号码都有可能。但是，在一定的条件下，五行相生关系还是可以适用的，这就需要我们长期地跟踪、总结和归纳，才能更好地运用这种关系。

三、五行相克

五行相克，好比战争，彼此敌对。据《白虎通义》载：五行所以相害相克者，天地之性。众胜寡，故水胜火也；精胜坚，故火胜金；刚胜柔，故金胜木；专胜散，故木胜土；实胜虚，故土胜水也。

木克土：树木可以入土；

火克金：烈火可以熔金；

土克水：土可以覆水；

金克木：金可以伐木；

水克火：水可以灭火。

木（3，8）克土（5，0）；

火（2，7）克金（4，9）；

土（5，0）克水（1，6）；

金（4，9）克木（3，8）；

水（1，6）克火（2，7）。

彩民可以自行做出一个五行相克的表，把对应的各个具体号码也罗列出来。我们要坚持的原则就是：同一注里面，相克的号码不超过2个，或者没有相克的号码。虽然有例外的情况，就是说相克的号码同时出3～4个的，但是这样的情况毕竟是少数，我们所要掌握的就是在大多数情况下，五行相克还是隐约地起着一种作用，只要善于思考和研究，认真分析每一个号码的特性，那么号码之间的相克关系也会逐渐被掌握，从而能够准确地判断下一期的相克关系。

相克也可以说是有相互的排斥性的，就是指2个或2个以上号码之间互相排斥，这些号码不可能一起出现。从号码走势图来观察，可以发现彩票号码之间的相互排斥是客观存在的。有的号码相互排斥是暂时的，也就是说，这些号码的相互排斥只会持续5期至10期，如近期号码4和18、3和28，已有数期不同时出现；有的相互排斥是长期的，从第一期开始就互相排斥，仿佛老死不相往来，偶尔重合一下又立即天各一方下去，如号码2和11、1和30；等等。通过寻找号码之间的相互排斥性，每个号码每一期都可以找到4～6个相互排斥的号码，且准确率达到90%。

研究七乐彩号码之间的相互排斥极其重要。比如你买1注7个号码，但其中有两个号码是相互排斥的，这两个号码绝对不会一起出现，那么，你只要将这两个号码分开，买两注单式7个号码就可以了。包8个号码、9个号码等原理也是如此，以此类推。由于每个号码每一期都可以找到4～6个相互排斥的号码，如果不通过相互排斥的原理来组合号码，买的号码越多，其中绝对不会出现的组合就越多。

用号码之间的相互排斥将这些号码分开，可以少花很多冤枉钱。最重要的是，利用彩票号码之间的相互排斥规律可以把全部号码分得清清楚楚，避开组合上的盲点，如果组合得正确的话，可能只需要10多个互相吸引的号码就可以选中可能开出头奖的组合。

第十一章 数 码

关于数码的理解和应用，一般有重号、连号、邻号、质数号。理解并且运用好数码，是决定我们选号正确与否的最关键因素。

一、重号

所谓重号，就是指与上期奖号相同的号码。看似普通的重号，其中却蕴藏着不少的数学奥秘。按照排列组合的算法，从 30 个奖号中任意取 7 个号码的种数为 2035800 种。从理论上分析某一期开出的 7 个奖号，相对于上一期的奖号而言，不外乎以下几种类型：

有 7 个“重号”（即与上期奖号完全相同）。这种类型，所有可能的组合为 1 种，理论上出现的概率为 $1 \div 2035800 = 0.00005\%$ 。

有 6 个“重号”。这种类型，按照排列组合的算法，第一步就是从上期的 7 个开奖号码中任意选取 6 个，共有 7 种取法；然后第二步再从 23 个非上期的开奖号码中任意选取 1 个，共有 23 种取法。两步相乘得到所有可能的组合种数为 $7 \times 23 = 161$ 种，理论上出现的概率为 $161 \div 2035800 = 0.0079\%$ 。

有 5 个“重号”。这种类型，按照排列组合的算法，第一步就是从上期的7个开奖号码中任意选取5个，共有21种取法；然后第二步再从23个非上期的开奖号码中任意选取2个，共有253种取法。两步相乘得到所有可能的组合种数为21×253=5313种，理论上出现的概率为5313÷2035800=0.26%。

有4个“重号”。这种类型，按照排列组合的算法，第一步就是从上期的7个开奖号码中任意选取4个，共有35种取法；然后第二步再从23个非上期的开奖号码中任意选取3个，共有1771种取法。两步相乘得到所有可能的组合种数为35×1771=61985种，理论上出现的概率为61985÷2035800=3.04%。

有3个“重号”。这种类型，按照排列组合的算法，第一步就是从上期的7个开奖号码中任意选取3个，共有35种取法；然后第二步再从23个非上期的开奖号码中任意选取4个，共有8855种取法。两步相乘得到所有可能的组合种数为35×8855=309925种，理论上出现的概率为309925÷2035800=15.22%。

有2个“重号”。这种类型，按照排列组合的算法，第一步就是从上期的7个开奖号码中任意选取2个，共有21种取法；然后第二步再从23个非上期的开奖号码中任意选取5个，共有33649种取法。两步相乘得到所有可能的组合种数为21×33649=706629种，理论上出现的概率为706629÷2035800=34.71%。

有1个“重号”。这种类型，按照排列组合的算法，第一步就是从上期的7个开奖号码中任意选取1个，共有7种取法；然后第二步再从23个非上期的开奖号码中任意选取6个，共有100947种取法。两步相乘得到所有可能的组合种数为7×100947=706629种，理论上出现的概率为706629÷2035800=34.71%。

没有“重号”。这种类型就是从23个非上期的开奖号码中任意选取7个，所有可能的组合一共有245157种，理论上出现的概率为

245157 ÷ 2035800 = 12.04%。

可见，出 1 个重号或 2 个重号的概率一样，并且是最大的，它占了全部组合的近 70%。这就告诉我们一个道理：重点关注重号为 1 个或 2 个的情况。我们每期可以设定重号出 0 ~ 3 个的稳定条件，因为重号为 0 ~ 3 个的四种情况，共占了：12.04% + 34.71% + 34.71% + 15.22% = 96.68%，几乎可以认为是百分百的条件了。但在实际的选号过程中，我们还是应当根据实际的号码走势，计算出重号出的几个精确条件。

二、连号

所谓连号，简单地理解，就是在 7 个开奖号码中相连着的号码。一般我们说连号，都是像 01、02，04、05、06 这样号码之间的间距为 1 的号码。如果 2 个号码相连，就说是二连号；3 个号码相连，就说是三连号，以此类推。

连号现象是非常普遍的，经常会出现二连号或者三连号的情况。

如果判断出有连号，那么连号的落点还需要继续判定。这就需要结合区间等技术参数综合分析了。假如你看好一区出号，那么就可以把连号的重点放在一区上考虑，否则就放在别的区间考虑。

连号和重号是七乐彩数码里面最重要的概念。合理、灵活地利用连号和重号，长此以往，必将获益匪浅。

三、间隔

1. 定义

间隔其实就是开奖号码从小到大排列后，号码之间的间距。N 个开奖号码，就有 N 个间距，连号的间隔是 0。在七乐彩中，因开奖号码有 7 个，所以间距就有 7 个。判断方法是：第一间隔是首位与第二位之间的间距，第二间隔是第二位与第三位之间的间距……以此类推，第六间隔为第六位与第七位之间的间距，也就是首尾间隔。

2. 间隔的特点

（1）每期的间隔很难相同。如上期开奖号为07、11、16、19、26、28、29，间隔分别为4、5、3、7、2、1；下期的号码如果是01、10、14、19、23、27、30，间隔分别为9、4、5、4、4、3，间隔几乎是不相同的，这就告诉我们，上期的间隔，我们只能用来作参考。我们可以根据号码的冷热来判断间隔的走势，达到缩小选号范围的目的。

（2）几乎每期都有零间隔（也就是连号），说明很常见。且零间隔一般不会紧跟在较大的间隔之后。如某期较大间隔为15～30，而下期的连号15、16、17紧跟在12～15这个较小的间隔后。这一信息，可为我们确定连号位置起帮助作用。

（3）间隔值大于等于10时，要引起高度重视，因为这个间隔可能成为下期出码的重点区域。特别是这个大间隔出现缩小迹象时，更要注意。如某期的大间隔05～20间隔值达到15，到下期这个间隔内出现了12，把这间隔一分为二，间隔明显缩小，而再往后的三期中在05～20这个间隔中就连连出现了06、08、09、12、14、15、16、17这几个数少则一期3个，多则一期4个，占6个开奖号码的1/2～2/3。选号时就可重点关注这个间隔中的号码。

四、夹号

夹号是指一个间隔两端号码所夹之号。当间隔值为1时是单夹号，当间隔值为2时是双夹号。夹号弹出的频率很高，是我们要特别关注的。夹号具有以下3个特点：

（1）夹号几乎可以肯定会在3～5期内出现。如某期形成夹号条件

25－27，下期就出现夹号26，某期出现夹号条件03－05，隔了2期后，就出现夹号04。但有个特例：当这个夹号在夹号条件形成前1～2期曾与别的号码组成过连号，那么，它就不会在5期内出现。尤其是单夹号更值得重视。如某期出现产生单夹号条件，就应重点关注其在下期的出现。

（2）双夹号一般很难携手而出，往往弹出一个，另一个会在经过多期后，冷不防出一回。如某期中形成双夹号条件12－15后，双夹号12、14并不一起出，而是先隔3期出13，再隔3期出14。又如某期形成双夹号条件05－08后，先隔2期出07，再隔2期出06。但偶有结伴而出的，如某期形成双夹号条件16－19后17、18结伴而出还拉了一个伴组成三连号。这种情况比较稀少。

（3）夹号与重号有着微妙的关系：重号多则夹号少，而夹号多则重号少。这个道理很明白，无须多讲，只要在选号过程中调整夹号与重号比例时不要忘了。

五、邻号

所谓的邻号，是相对于上期的号码而言的。比如说上期的号码是15，本期开出16或14，那么16和14都是属于邻号。因为每期包含6个号码，每一个号码都对应着两个邻号，比如上期的开奖号码是02、05、11、16、20、25、29，那么02对应有两个邻号，分别是01和03；05对应两个邻号，分别是04、06；以此类推，加起来就共是14个号码，都属于邻号的范围，邻号最多是14个；假如上期的号码是01、02、03、04、05、06、07，那么邻号就只包括01、02、03、04、05、06、07、08这8个了。也就是说，邻号最多有14个，最少有8个，在30个开奖号码中，邻号占的比例是相当大的。一般来说，邻号开出的概率是很高的，几乎每期都有邻号的出现。

有了邻号的概念，我们在实际的投注过程中，就必须先把上一期的开奖号码所对应的邻号全部列出来，然后再逐个对这些邻号进行分析和推断。这样的话，只要确定了这一组邻号在下期的出号个数，实际上就是确定了某一组号码在下期的出号个数了。长期对邻号作图分析，必定能够获得收获。

六、质数号

质数是指只能被 1 和它本身整除的数。在 30 个号码里面，属于质数的有 02、03、05、07、11、13、17、19、23、29，共 10 个。由于质数已经占了全部奖号的 1/3，从理论上来看，它每期的出号应在 2 个以上，故我们需要探索质数号码之间的出号规律和性质。

第十二章 特别号

七乐彩是从 1～30 这 30 个号码中选取 7 个作为 1 注投注号码。一等奖的要求是 7 个号码与 7 个基本号码完全一致；二等奖的要求是 7 个投注号码中，有 6 个号码属于基本号码，另外 1 个就是特别号码，所有的种数有 7 种；三等奖的要求是有 6 个号码是基本号码，不包含特别号码。可见，特别号码的存在能够增加我们的中奖概率。同样是 1 注只中 6 个基本号码的投注，包含有特别号码的方案和不包含有特别号码的方案，奖金相差甚远。因此，在我们的选号过程中，必须要对特别号码特别关注，才能尽可能夺取高等的奖金。下面我们一起来分析一下近几年开出的特别号码的一些性质与规律，希望能够为我们以后选取特别号码有一些帮助与指导。

一、特别号分三区统计

首先，我们来看看 2007—2016 年（截至 2016118 期）共开出的 1499 期的特别号开出情况，做成一个如下的表：

特别号统计										
一区	01	02	03	04	05	06	07	08	09	10
次数	52	40	44	56	56	50	37	66	58	48
小计	507									
二区	11	12	13	14	15	16	17	18	19	20
次数	44	58	49	44	48	47	43	52	54	44
小计	483									
三区	21	22	23	24	25	26	27	28	29	30
次数	65	50	52	41	50	35	53	54	61	48
小计	509									

按照3区分法，我们可以看到，每个区间的每个号码都有一定的出号次数，从出号次数，我们可以清楚地看到每个号码的冷热程度。

第一区间共出号507次。最热的号码是08，共开出66次；最冷的号码是07，共开出37次。出号的热冷排序如下：

号码	08	09	04	05	01	06	10	03	02	07
次数	66	58	56	56	52	50	48	44	40	37

第二区间共出号483次。最热的号码是12，共开出58次；最冷的号码是17，共开出43次。出号的热冷排序如下：

号码	12	19	18	13	15	16	11	14	20	17
次数	58	54	52	49	48	47	44	44	44	43

第三区间共出号509次。最热的号码是21，共开出65次；最冷的号码是26，共开出35次。出号的热冷排序如下：

号码	21	29	28	27	23	22	25	30	24	26
次数	65	61	54	53	52	50	50	48	41	35

如果把第一区的热号取前3名：08、09、04、05；第二区的热号取前3名：12、19、18；第三区的热号取前3名：21、29、28。这样的话，我们就得到由各个区间最热的号码组成的10个号码：04、05、08、09、12、18、19、21、28、29。这必然作为我们今后在选取特别号时的重点参考。

二、特别号热温冷统计

如果不按照3区分法，我们把30个号码的出号次数由低到高排序，则会得到如下的一个表：

特别号热温冷统计										
热号	08	21	29	09	12	04	05	19	28	27
次数	66	65	61	58	58	56	56	54	54	53
小计	581									
温号	01	18	23	06	22	25	13	10	15	30
次数	52	52	52	50	50	50	49	48	48	48
小计	499									
冷号	16	03	11	14	20	17	24	02	07	26
次数	47	44	44	44	44	43	41	40	37	35
小计	419									

可见，热温冷号码分别包含10个号码，热号共开出581次，温号共开出499次，冷号共开出419次。今后的特别号选取，我们可以按照这样的思路：热号为主，温号为辅，冷号为防。

三、特别号均值

提出特别号均值这个名词，是出于一种研究它们出号的一个平均值，从而知道大概的落点的考虑，为我们以后选号时作参考。

特别号均值										
一区	01	02	03	04	05	06	07	08	09	10
次数	52	40	44	56	56	50	37	66	58	48
总和	52	80	132	224	280	300	269	528	522	480
小计	2603									
二区	11	12	13	14	15	16	17	18	19	20
次数	44	58	49	44	48	47	43	52	54	44
总和	484	696	637	616	720	752	731	936	1026	880
小计	5661									
三区	21	22	23	24	25	26	27	28	29	30
次数	65	50	52	41	50	35	53	54	61	48
总和	1365	1100	1196	984	1250	910	1431	1512	1769	1440
小计	9296									
总计	17560									
均值	11.71									

从上面的表可以看出，1499 期开出的所有特别号相加的和是 9808，那么平均值就是 17560/1499 = 11.71，接近号码 12。也就是说号码 12，是我们选取特别号时的一个参照点，做一个和号码 12 的间距表格，也就是步长的概念。比如，开出号码 11 或 13，则和 12 距离一个单位，也就是步长为 1；开出号码 02 或 22，则和 12 距离 10 个单位，也就是步长为 10；步长最大的就是开出 30，步长为 18，步长最小就是开出 12，步长为 0，所以步长的范围是 0 ~ 18。长期跟踪步长，可以得到步长的一些特殊性质，为技术型彩民又增添一种另类的思考方式，从而体验研究彩票的乐趣所在。

第三部分

高级篇——实用技巧集锦

技巧一：胆拖投注玩转七乐彩

七乐彩投注方法可分为自选号码投注和机选号码投注，其投注方式有单式投注、复式投注和胆拖投注等。

自选号码投注：是由投注者自行选定投注号码的投注。

机选号码投注：是由投注机为投注者随机产生投注号码的投注。

单式投注：从30个数字号码（01～30）中任意选择7个不重复的数字号码，可不按顺序，组成1注，每注2元。

复式投注：从30个数字号码（01～30）中选取至少8个、最多16个数字号码组成每7个号码为1注的复式组合投注。如，选取8个号码可以组合成8注，选取9个号码就可以组合成36注，以此类推。

例如，某8个号码复式投注为02、04、06、08、10、12、14、16，可以组合成8注单式投注：

① 02 04 06 08 10 12 14；

② 04 06 08 10 12 14 16；

③ 02 06 08 10 12 14 16；

④ 02 04 08 10 12 14 16；

⑤ 02 04 06 10 12 14 16；

⑥ 02 04 06 08 12 14 16；

⑦ 02 04 06 08 10 14 16；

⑧ 02 04 06 08 10 12 16。

复式投注具有选号多、投注简单、中奖机会大等优势。该复式投注可兑8次奖，投注金额由8个单式组合而成，每注2元，共8注计16元。

胆拖投注：从30个数字号码（01～30）中任选1～6个号码作为胆

码，再从剩余的号码中选取若干个号码为拖码组成每7个号码为1注的多注投注方法。所谓“胆码”，是指每注投注号码中都有的号码，“拖码”是指除“胆码”以外的号码。例如，你对03、05、07这3个号比较中意，那么你就可以把这3个号码作为胆码，然后再选择其他若干个号码作为拖码进行投注，胆码可选择1～6个，拖码可选择2～29个，胆码与拖码不能重复。胆码与拖码加起来要大于7个，胆拖投注所组合的种类相比复式投注要多得多，可达到138种，仅8个号码的胆拖投注组合就有6种，它们分别是胆1拖7、胆2拖6、胆3拖5、胆4拖4、胆5拖3、胆6拖2，投注金额即该胆拖投注分解的单式投注的和。

例如，某8个号码的胆拖投注为胆码：02、04、06，拖码：11、13、15、17、19。则该胆拖投注应包含如下单式投注：

① 02 04 06 11 13 15 17；

② 02 04 06 11 13 15 19；

③ 02 04 06 11 13 17 19；

④ 02 04 06 11 15 17 19；

⑤ 02 04 06 13 15 17 19。

共5注计10元。胆拖投注具有投入少、选号简单、中奖机会大等特点，最适合那些喜欢用灵感看图选号的彩民使用。

胆拖玩法是购买七乐彩彩票常用的一种投注方法，想必很多喜欢玩乐透型彩票的彩民对胆拖玩法的概念和中奖效率都不会陌生。对于胆拖玩法这一投注方法，选胆是最为关键的一步。一般来说，选胆要求稳，不能求险，因此，推荐以下四种选胆方法供彩民朋友参考。

1. 利用重复号定胆

七乐彩重复号的数量平均起来每期2个左右，我们可以从上期所开出的7+1个奖号中挑选号码。比如第2006139期开出04、10、11、14、

21、27、28+02，其中02、04、14、18、19都是重复走势比较活跃的号码。根据经验，这些号码后面容易再次重复，在挑选2006140期奖号的时候，我们可以把02、04、14、18、19作为挑选重复号的重点。第2006140期中间02、14重复。由于重号出现较多，而重叠号的备选范围相对较小（每期只有7个号码选择），这样选中的可能性也比盲目选择的成功率要大一些。

2. 利用邻号（斜连走势）定胆

斜连走势其实是邻号开出所形成的现象。七乐彩奖号中，除了重复号经常出现，邻号也是开出数量比较多的一类号码。比如第2006140期开出02、11、13、14、17、19+18，除了考虑上述8个号码中开出重复号，还可以考虑其邻号，该期邻号分别为01、03、10、12、15、16、20，共7个。在这7个号码中我们可以稳妥地考虑1个奖号，或者设定条件1~3个。第2006141期开出的奖号中有12、16、20，邻号开出3个。

3. 利用隔期号定胆

隔期号在通常情况下指的是隔一期的号码，比如我们在考虑第2006138期奖号的时候，可以从隔一期也就是2006136期奖号中去挑选号码。第2006138期开出02、04、12、15、18、19、30+14，我们可以发现，隔期号30开了出来，这是一个利用隔期号定胆的成功的例子。

4. 热号区间定胆

所谓热号区间，就是近期号码最容易开出的区间。由于惯性的作用，热号区间总是比冷号区间开出的号码更多一些，选择其中的号码成功率当然就大一些了。

相对于精心选择的胆码来说，拖码的选择则可以“粗糙”一些，技术加运气，也许就可让你幸运地获取大奖了。

胆拖投注比起单式投注中奖机会要多出很多，比起复式投注来说，它的投入资金少，成本低。胆拖投注中，一旦你选定的胆码正确，拖码又选中了很多，同样能中得大奖。如第2007002期山东潍坊彩民用自选胆拖中得“30选7”（七乐彩）500万元大奖。

采用胆拖投注怎样才能提高中奖概率呢？很多彩民朋友常用的方法就是把有灵感的几个号码作为胆码，另外再凑上几个不太有把握的号码作为拖码，此法虽有中大奖的希望，但经常选不准胆码。下面向大家介绍四种比较有效的胆拖投注法，供投注时参考。

胆偶拖奇法：即选取的胆码全部为偶数，拖码全部为奇数，这种方法适用于中奖号码有5个或6个偶数时最为有效。一般情况下，可采用4胆5拖或5胆5拖。

胆奇拖偶法：即选取的胆码全部为奇数，拖码全部为偶数，这种方法适用于当中奖号码出现5个或6个时，为了获得大奖，可以用4胆6拖或5胆6拖。

胆大拖小法：“胆大”是指胆码为16~30的数，“拖小”是指拖码为01~15的数，这种方法适用于当下期中奖号码15后面可能会出现4个、5个或6个数时，可使用5胆5拖或6胆6拖。

“胆大拖小”还有另一种含义，是指胆码为10后面的数（10包括在内），拖码为10以前的数，这种方法适用于当10之前有2个或3个数时，则可以用4胆5拖或5胆9拖。

区间胆拖法：可把30个号码分成三个区间，即一区间（01~10）、二区间（11~20）、三区间（21~30）。选号时可在某一区间内选取4~5个胆码，然后再从另一个区间内选取多个拖码，可采用4胆10拖或5胆10拖。

在采用以上四种胆拖投注方法时，建议彩民朋友应结合自己的选号知识、经验、直觉和灵感，对下期可能出现的号码加以分析判断，把握、抓住机会，达到中奖的愿望。

技巧二：排除号码六方面

七乐彩游戏，每次开奖出的号码共有8个，除掉中奖号码后还有22个号码，如果购买1注7个号码的单式票，需要排除的号码有23个。如果购买8～10个号码的复式票，则需要排除的号码也有20个左右。因此，挑选可能不会开出的号码比挑选可能会开出的号码来得容易，在选号时，要排除的号码应该从以下几个方面入手。

1. 排除重复号

在每期的中奖号码中，重复出现号码的现象非常普遍，每期开奖的号码中，一般重复号数量在1～3个，最多时可达4个以上。因此，最好是首先把上期中奖号码中的大部分号码排除掉，仅选1～3个即可，如果上期重复号数量出得多，下期则少选一些；如果上期重复号出得少，下期则多选一些。

2. 排除相邻挨边号

在历期的中奖号码中，一般含有1～5个上期号码的挨边斜连号，而上期号码全部挨边斜连的号码约有1～16个，连号出现越多，挨边斜连号就越少。因此，在选号时，每期挨边斜连号最多保留5～6个，其他6～11个应排除掉。

3. 排除冷号

在选号前可把已经有 5 期以上尤其是多期没有出的冷门号码全部排除掉。

4. 排除热号

由于号码连出后，要有一个平衡，如发现某些号码近期内已连出 3 期以上，也可以将其全部排除。

5. 区段号码排除

可把号码分布划分区段进行统计，运用选号平衡的原理进行排除，如发现某个区段出球次数偏多，可把该区段大部分号码排除。

6. 奇偶号排除

开奖号码有时会走偏，如偶多奇少或奇多偶少，一般出球的奇偶比例为4：4、3：5、5：3、2：6、6：2，出现1：7、8：0之类的情况较少。选号时可以根据平衡原理和奇偶比例，从中排除号码，如近期内出号奇数偏多、偶数偏少，选择号码时就可重点关注偶数，排除大部分奇数。

技巧三：全码组合法

这种方法，顾名思义，就是将七乐彩玩法的所有备选号码，在个号尽可能不重复的前提下，全部用来一次性组合投注。即把七乐彩备选的 30 个号码，按每 1 注 7 个号码组合；编出 4 组后尚剩 2 个号码没用过，那么将已用过的 5 个号码再重用一次，加上这 2 个号为 1 注，共以 5 注单式号码去进行一次性投注。例如：

第1注：01、06、13、17、18、25、30

第2注：02、10、11、19、22、26、29

第3注：04、05、09、16、21、23、28

第4注：03、08、12、15、20、24、27

第5注：07、08、14、19、23、26、29

或者可以将第5注中的07和14，分别加入第2注中，改一次性投5注单式，而为一次性各投2注复式和2注单式。

以上全码组合，尽量考虑到了大小和单双号搭配，以及和值、均值和极差值等参数指标。同时，也保证了每1注中不少于1组连号。

全码组合法的提出，并不能保证绝对中奖。提出这一方法的目的，是为彩民提供一把开启新思维的钥匙。如果在上述组合的基础上，再分别各加2~3个号，改变成以包9~10个号去投注，那笔者可以断言：肯定会有1注中得6+0或5+1以上的奖。

技巧四：冷热交叉法

从七乐彩上市以来历期中奖号码中，有一种现象已经非常普遍，那就是：①在某一段时期里，热号一直热，而冷号一直冷；②在某一期的中奖号码中热号占多数，而在某一期的中奖号码中，冷号占多数。这一方面证明了号码中出的随机性法则，另一方面也证明了号码中出的均衡性规律。据此，我们提出“冷热交叉法”的投注新概念。

冷热交叉法的具体操作步骤如下：

第一步：先从七乐彩30个备选号码中，各选出10个热号和10个冷号，接着分别以5个热号作胆码，并以5个冷号作拖码，如此组成2注胆拖投注号码。然后再将以上2注号码的胆码和拖码置换，便又组成了2注胆拖投注号码。

第二步：将上述第1注的胆码和第2注的拖码搭配，并将上述第1注的拖码和第2注的胆码搭配，如此组成2注胆拖投注号码。然后再将以上2注号码的胆码和拖码置换，便又组成了2注胆拖投注号码。

第三步：将这10个热号一分为二，半数作胆码，半数作拖码；再将那10个冷号也一分为二，同样半数作胆码，半数作拖码，如此组成2注胆拖投注号码。然后再将以上2注号码的胆码和拖码置换，便又组成了2注胆拖投注号码。

按上述热冷交叉法，共组成12注胆5拖5的号码。每1注的投注金额均为20元，12注的投注金额共计为240元。七乐彩以复式方式投注，最多只允许包16个号，包16个号码为1注以复式投注，投注金额便已高达22880元（如允许包20个号码为1注以复式投注，投注金额则需30多万元）。由此，冷热交叉法的优势便凸显出来了。那就是：投入不大，涵盖面却很大。只要当期这8个中奖号码（含特别号码）全在所选的那20个号码中，那么基本上可以说：最低也能中得个七乐彩三等奖（6+0），若运气好的话，那就不仅仅是中得二等奖（6+1）了，中得一等奖（7+0）也并非不无可能。

技巧五：中性号码选择

乐透型电脑彩票开奖号码都有一个共同特征：某些号码出现的频率高于其他号码出现的频率，例如七乐彩第2016099—2016118期统计（含特别号）：号码23出现10次，号码09、27分别出现8次，01、06、10、13、18、25、26分别出现7次，但08、14分别仅出现2次。于是就出现了号码的冷热现象。由于开奖号码表现为全热码甚至全冷码的情况，因此，在选择号码时，彩民总是选择频率出现最高的热门号码，他们认为这些号码会不停地重复出现，但还有另一部彩民总是选择出现频率最少的冷门号码来投注，他们认为从概率平衡原理来看，久不出现的号码会出现而达到平衡，因此，每期投注号码总是全选冷码。

事实上，不论是选择热门号码还是冷门号码，都没有错。就开奖号码来说，它不会考虑过去已开过的号码或者是没有出现的号码。之所以有的号码比另外一些号码出现得更频繁一些，只不过是自然的机会差别而已。在已存在的大部分中奖号码中，全热码和全冷码出现的情况较少，更多的情况是热码、冷码、温码（中性码）均同时出现。因此，选择号码时，在于我们如何去区分冷码、热码、温码（中性码），并针对各种号码的出号情况去平衡组合号码。选号除考虑冷热号码外，还应关注中性号码，可采用冷中热搭配，中性号码选择数量一般比冷热号码多，冷热号码加起来的总数要略少于中性号码。界定中性号码的方法很简单，就是除了 5 期内连续出现过 2 次，以及 5 期内共出现 3 次以上的号码为热号码，5 期内没有出现过的号码为冷号码外，其余的号码全属中性号码。选择中性号码，主要考虑号码所处的旺数周期、热码的相邻挨边号、斜连号以及连号、同尾号、间隔号等因素，从这些方面入手，捕捉中性号码，更具有一定的准确性，以提高中奖机会。

技巧六：旋转矩阵与复式投注

我们都知道，选 7 型彩票的 8 码复式需 8 注 16 元，9 码复式需 36 注 72 元，10 码复式需 120 注 240 元。那么，为什么这些金额是固定的数额呢？如果没有复式投注，我们可不可以用单式投注的方法达到复式投注的效果呢？

我们以 9 码复式为例：比如我们选中了 01、02、03、04、05、06、07、08、09 这 9 个号码，其复式投注实际上就是一次性投注了以下 36

注单式组合：

01：01　02　03　04　05　06　07

02：01　02　03　04　05　06　08

03：01　02　03　04　05　06　09

04：01　02　03　04　05　07　08

05：01　02　03　04　05　07　09

06：01　02　03　04　05　08　09

07：01　02　03　04　06　07　08

08：01　02　03　04　06　07　09

09：01　02　03　04　06　08　09

10：01　02　03　04　07　08　09

11：01　02　03　05　06　07　08

12：01　02　03　05　06　07　09

13：01　02　03　05　06　08　09

14：01　02　03　05　07　08　09

15：01　02　03　06　07　08　09

16：01　02　04　05　06　07　08

17：01　02　04　05　06　07　09

18：01　02　04　05　06　08　09

19：01　02　04　05　07　08　09

20：01　02　04　06　07　08　09

21：01　02　05　06　07　08　09

22：01　03　04　05　06　07　08

23：01　03　04　05　06　07　09

24：01　03　04　05　06　08　09

25：01　03　04　05　07　08　09

26：01 03 04 06 07 08 09

27：01 03 05 06 07 08 09

28：01 04 05 06 07 08 09

29：02 03 04 05 06 07 08

30：02 03 04 05 06 07 09

31：02 03 04 05 06 08 09

32：02 03 04 05 07 08 09

33：02 03 04 06 07 08 09

34：02 03 05 06 07 08 09

35：02 04 05 06 07 08 09

36：03 04 05 06 07 08 09

也就是说，如果投注机没有开通复式投注的功能，我们投注以上36注单式票同样可以达到复式票的效果：投注额完全相同，中奖效果也完全相同。所以说，9码的复式投注实际上就是以上36注单式投注的集合。

如果我们仔细研究以上36注号码就会发现，以上各号码间的重复号码非常多，最多的已经达到了6个号码，比如第1注、第2注、第3注号码之间，只有最后1个号码不同，如果我们将这3注号码选出1注作为“代表”进行投注，以此类推。这样处理后，以上36注实际上只需要投注以下4注：

01：01 02 03 04 05 06 07

06：01 02 03 04 05 08 09

15：01 02 03 06 07 08 09

28：01 04 05 06 07 08 09

这就是旋转矩阵中7保6的雏形。

如果我们选出的9个号码中包含7个中奖号码，复式投注可保证有1注全中7个号码即一等奖；但用中7保6的旋转矩阵时，则可至少保证有 1 注中 6 个号码，即三等奖，当然也不排除中一等奖的可能。所以旋转矩阵可以在相同的资金下选出更多的号码来包号。

旋转矩阵的原理在数学上被称为“覆盖设计”，是一个看似简单实际却异常复杂的问题，至今还有许多难题没有解决。在国外，有一些彩票专家声称旋转矩阵是他们首先提出来的。实际上，所有的旋转矩阵是组合数学家们经过多年的精心研究得出来的，不是某一个人能做得到的。

事实上，旋转矩阵不是教你去如何选号的，而是教你如何科学地组合号码。相比于复式投注、轮次矩阵等组合号码的方法，旋转矩阵有着投入低、中奖保证高的优点。

举个例子，10 个号码的7，六型旋转矩阵的含义就是，你选择了 10 个号码，如果其中包含了 7 个中奖号码，那么运用该矩阵提供的 8 注号码，你至少有 1 注中对 6 个号码的奖。本矩阵只要投入 16 元，而相应的复式投注需要投入 240 元。我们知道，用 10 个号码，只购买其中的 8 注，如果你胡乱组合的话，即使这 10 个号码中包含有 7 个中奖号码，你也很可能只中得一些小奖。而运用旋转矩阵的话，就可以得到一个对 6 个号码的奖的最低中奖保证。

从纯数学角度看，旋转矩阵属于一个典型的组合设计问题；严格地讲，是属于组合设计中的覆盖设计的问题。如何才能找到最少的注数以保证全面的覆盖，是一个历时已久的数学难题。与旋转矩阵相关的数学问题还有很多，比如填装设计、斯坦纳设计、t－设计等，这些问题都是数学界长期以来的难题，在军事上和医药实验上都有着广泛的运用。

当然，把高深的数学原理运用在彩票这一极其通俗的事物上，也是一个历史的玩笑。好在对于一般运用旋转矩阵的彩民来讲，其背后高深的数学原理一点也不会成为运用的障碍，因为我们只需要知道如何运用就够了。

目前，对旋转矩阵的解法，数学界还没有找到一个通用的公式，大部分的设计即使用最先进的超级电脑也很难求出，全盘搜索的算法耗用的时间将会是一个天文数字。好在人们找到了一种全新的模拟算法，它大大提高了求解覆盖设计的速度，但它不能保证找到的覆盖设计一定是最小的；它具有很强的通用性，而之前的其他算法往往只能解决固定某些参数的特定问题。

技巧七：巧用尾数“减肥”三绝招

第一招：去3用7

即在七乐彩的0~9这10个尾数中去掉3个，余下的7个尾数作为所选的号码，但是要记住，所去掉的3个尾数，不是按尾数的前后顺序进行，而是基于0~9这10个尾数的整体来淘汰3个尾数。

第二招：奇偶取一

奇偶取一主要是针对第一位和第七位来说的。当10个尾数经过“去3用7”后，每一个特选尾数就是2个数字了。例：我们所选的7个数为1235689，首先判断第一位出奇数还是偶数，然后判断第七位是出奇数还是偶数。在“用7”的7个尾数上，奇数就是1359尾数，自然第一位和第七位的选数就是尾数为1359的这4个数了，若再通过大小数判断分析，将更能准确地缩小选号范围。如上述若认为下期第一位会出现小尾数，那就只有1和3这两个尾数了。若判断第七位全出现大尾数，那就只有5和9这两个大尾数了，而剩下的第二位至第六位这5个位数还是7个，所以还要进行下一步的选数分析。

第三招：去2用5

去2用5，就是在第二位至第六位包括的7个尾数中经过判断分析后，排除2个尾数，选择余下的5个数：13568；然后，第二位至第六位每一位的尾选数都是13568这五个数了。若能更进一步，判断每一位所出号的是奇数还是偶数、大数还是小数，那么将更能大大缩小待选号范围。

技巧八：推演法运用技巧

一般来说，我们比较容易确定2~3个号码。如何用这几个号码打中中奖号码呢？这就需要用推演法进行号码演变。

号码之间具有一定的相生相伴关系，抓住关键的2~3个号码后，可以另外推断出4~5个号码。其方法是：选定1~3个重叠码为关键号码，再用以下方法推演其他号码。

1. 看重叠连码

既然选择了重叠码为关键码，那么可能出现的叠连码则成首选，根据叠连码仅在当期出现1个的现象，可选重叠码旁的边码即叠连码1个。

2. 看同位码

由于每注中奖号码中同位码不可或缺，所以从同位码入手也可抓住至少1~2个号码，关键是要注意具体的同位码是落在0部、1部或2部首，最好间隔1个部首选码。如重叠选23，或为11时，可选03或21。

3. 看缘分码

这个缘分码只能是常联袂 1 注内出现的号码。一般通过同注缘分码的选取可抓住另一个号码，如 4、23、8、27 等。

4. 看双子码

如果重叠码选择了 11、22 其中的一个，可另挑选另外 1 个，如选了 22 作关键码，可另选 11。

5. 看筋斗码

如果选了 12 这个号码为关键码，则可选 21 这个筋斗码，其余的 01～10、02～20、03～30 等筋斗码也依此法类推选取。

6. 看倍数码

6+9=15，4×2=8，30÷5=6，中奖号码中具有一些倍数关系，我们可根据这个原理推断别的号码。如选定了 7、12、18，可依此推演出 7+12=19，18+12=30，7×2=14，这其中的“19、30、14”3 个号码应入选。

通过上述 6 种号码的推演，则可能使 1～3 个关键号码衍生变为 6～7 个号码，这时候用大小码、单双码以及总值的合理比例进行检验则可以投注了。

技巧九：越过走势选号四误区

彩民朋友对七乐彩玩法情有独钟。但如何选择号码，却令不少彩民大伤脑筋，下面将选号的几种忌讳列出，希望引起彩民们的注意。

1. 走势固定图形化

所谓固定图形化就是在某一位上开奖号码在走势图上形成了“>”字形、“m”字形、等角形的图案。像在某一位上连续几期出现02、05、08，12、15、18的“>”字形的号码，像在某一位上连续几期出06、11、12、21、26的“M”字形（关注号码尾号）的号码。从以往开奖的号码看，很少会按照固定的图形出现，因此，我们在选择号码时一定要注意一些“>”“M”等字形的号码走势。

2. 走势前后一致化

所谓走势前后一致化就是根据以往开奖号码的走势原样不动地照搬照套。对彩民们来说，往往从开奖号码的走势上看都有一定的循环，因此在选择本期开奖的号码的走势时，先看一看以往有哪一期的号码走势和本期有一些相似的规律，于是就将前面某一期的号码走势照搬过来。

3. 走势惯性化

所谓走势惯性化就是在某几期的号码走势比较明显的情况下继续遵循这一走势。像从号码走势图上第一位连续3期出现18、17、16的斜线连号码，而按照走势的惯性在第4期第一位理应选择15，当然实际情况往往出现的不一定是15。

4. 走势全部反常化

所谓走势全部反常化就是所选的号码打乱了所有走势规律。我们认为每次开出的中奖号码中，都会有一些号码是按照一定的走势规律开出的，在我们选择号码时，完全没有必要打破所有的走势规律。

当然，以上所述并非绝对，其间也会有按以上规律出现的号码，所以，我们在根据走势图选择号码的同时，还应该综合考虑冷热、奇偶比、大小号的选择等规律；也只有综合、全面地分析，才能事半功倍。

技巧十：把握冷号下落的时机

彩民朋友在玩彩时往往会遇到这样的问题：冷球为何高悬半空？它会落下来吗？何时才是把握冷球的最佳时机？

我们都知道，玩足彩只有博中冷门才能获取高额奖金的大奖。对玩乐透彩而言，博冷的思维同样适用，其关键之处是如何把握冷号下落的时机。经对七乐彩玩法多年的研究探索，我们认为其实也需要一定的博冷思维才能获取大奖。下面是根据七乐彩而总结出来的博彩技巧，以供彩民们参考借鉴。

1. 选择冷号的非关系球

如果将每一期的彩票开奖号码同上期相比，我们将重号和斜角号称为关系号码，则非关系号码就是既非重号又非斜角号的号码，七乐彩的非关系号码一般都在3～4个，因此，每期必须选择一定数量的非关系号码。而当非关系号码开出冷号码时，往往不能被很多彩民选中。

2. 选择冷号码的“连号姐妹号码”

当一个冷号开出时，很多彩民都能选上，但很少有彩民能想到这一冷号会和它的邻号一起出现，所以，大奖最终与彩民擦肩而过。

3. 选择冷号的奇偶比、大小比组合

理论上，这两个值都应该是均衡的3：4或4：3，但实际上，这两

个值同时出现为3:4或4:3的情况却并不多见。所以，当您选择一个指标为3:4或4:3时，第二个指标一定要选择为“非均衡值”，如2:5、6:1等，只有这样，才能将大奖网住。

4. 选择冷号的“心水号”

有很多彩民在选号时总是看好某几个号码却看不上某几个号码，于是导致“心水号”总是只有一半选中，而漏掉几个不被看好的号码，最终与大奖无缘。因此，运用逆向思维，在选出“心水号”以后再选出几个其他号码是很有必要的。

掌握了以上4点，对冷号下落时机的把握就并非是难事了。彩民朋友们，愿你玩彩时多关注一下冷号的出彩时机，也许在不经意间，大奖已悄悄地向你走近。

技巧十一：判断区间空号方法

善于从区间判断号码是彩票爱好者的基本必修课。某一区间出不出号码、出多少号码，如果判断正确，就成功了一半。判断空号区间的方法有如下几种。

首先，利用每期中奖号码的平均值来做适当的计算。平均值就是所有该期开奖基本号码相加后除以2所得的数字。经过较长时间观察，我们发现中奖号码有这样一些特点：上期中奖号码相加平均值与下期中奖号码相加平均值差异不大，最大和差极少超过20；如果和差超过20，那么区间内的号码便会发生较大的转换；大多数中奖号码（01~30号码球）平均值在110之间徘徊；一般3~7期内便会发生一次变化，而这一变化如果是小数值（小于90），则一般维持2期左右，是大数值（大于130）则一般维持在4期左右。从上述值数的规律我们便大致知道该从哪一个区间入手选号了。

其次，从号码的相关系数大小来判断选择。我们知道摇奖的号码与号码之间是有亲密间疏现象的，根据常联袂出现的号码散落于不同区间的现象，我们应重点选择相关系数大、相互吸引的号码，它们隶属于什么区间，就选择什么区间；而对于排斥力大的号码，该区间则可以摒除选码。这一条的运用关键是首先要选准热码，然后才可以对其他号码及区间进行判断。

再次，通过计算各个区间自开奖以来各自的出码次数来进行判断，另外要注意配合最近10期区间内出码次数和最近5期内出码次数来综合考虑。出码次数多的为主区间，可选2~4个号码，紧随其后的从区间可选1~3个号码，再次的区间选择1~2个号码，其他两个区间则为空号区间。使用本法尤其要注意主区间、从区间、次区间以及空号区间的转换，因而要做出历期区间出码图、10期区间出码图、5期区间出码图同时进行观察、分析，最后再予以确认。

最后，综合考虑所有上一期开奖号码与本期出码有关的因素。如号码重复及对望情况，号码边、远斜、近斜、正斜情况，号码隔期跳跃、连码情况以及同位码出现情况等，在上述综合统计、判断、分析的前提下，就可以确定空号的区间是哪一个了。

技巧十二：4+3组配选号

中大奖凭运气，中小奖则更多地依靠投注方法。在此，向广大彩民朋友介绍一种选号组合——4+3组配选号模式，仅供参考。

1. 何为4+3选号

4个奇（偶）数+3个偶（奇）数、4个大（小）数+3个小

（大）数、4个热号+3个冷号，这三种组合应该是七乐彩中奖的最佳组合。原因很简单，在以往开奖号码中，奇偶号码个数比、大小数个数比、热冷号个数比为4∶3或3∶4的情形最多，符合4+3情形的开奖高达70%以上。如果对七乐彩的30个号码进行分类，可以将它们分作奇数和偶数、大数和小数、热码和冷码，奇数和偶数、大数和小数各占15个，热码和冷码在数量上会有所不同，但也可等分为各15个。4+3组配模式就是对分类后的数字分别进行15选4和15选3，两者形成的组合相加即为7个号码的单注。例如，七乐彩的所有奇数即1、3、5……25、27、29；如果每4个奇数组合一次，即15选4，得到1365种4个号码的组合。所有偶数即2、4、6……26、28、30；如果每3个偶数组合一次，即15选3，得到455种3个号码的组合。七乐彩的全部组合为2035800种，而奇偶数4+3的全部组合为1365×455=621075种。需要说明的是，全包4+3的621075种组合只有在奇偶布局为4∶3时才能中得一等奖，如果奇偶布局为5∶2、6∶1、3∶4、2∶5、1∶6，则分别只能中6个、5个、6个、5个、4个号码。在开奖的7个号码中，奇数号码和偶数号码的分布是不可能均匀的，一定有一种号码为4个或4个以上，奇偶布局多为3∶4和4∶3。与奇偶分布相同的是大小号，1~15被看作小号，16~30为大号，按4+3的形式选择小号和大号，组配出来的单注与奇偶组配号码的中奖情形一致。

2. 如何4+3

理解了4+3之后，我们要做的工作就是如何将“4”与“3”有机地结合，理想的做法是重4轻3。首先，判断号码的大小、冷热、奇偶。对一段时间以来开奖号码的基本走势进行分析，判断当期开奖号码是奇数走强还是偶数走强，是大数为主还是小数为主，是热号多还是冷号多。将三种判断综合起来，强势号码的搭配可能是8种情况：大－

偶-热、大-偶-冷、小-偶-热、小-偶-冷、大-奇-热、大-奇-冷、小-奇-热、小-奇-冷。因为开奖号码一定有强弱之分，所以，随便选择一种搭配都有1/8的机会选中强势号码。假如看好的是“大-偶-热”搭配，即表明你看好当期号码是大号为主、偶数走强、热号多，那么，重点选号范围就可以明确为“正在走热的大号偶数”。其次，对强势号码进行“选4”组合。对选定的强势号码进行“选4”，每4个号码结成一个组合。在确定重点选号范围后已不可能再进行15选4了，比如，符合“正在走热的大号偶数”这样一个定义的号码最多只有8个，只能进行8选4，其组合为70种。如果你选对了强势号码，这70种4码组合中就会有一种组合击中4个开奖号码，并有多个组合击中3个号码。再次，对弱势号码进行“选3”组合。对弱势号码进行“选3”，每3个号码结成一个组合。同强势号码一样，弱势号码的搭配可能也是8种情况：大-偶-热、大-偶-冷、小-偶-热、小-偶-冷、大-奇-热、大-奇-冷、小-奇-热、小-奇-冷。因为已经选择了其中一种作为强势号码的搭配，且弱势号码的搭配不可能与强势号码的搭配重叠，所以，任选一种搭配都有高于1/8的可能选中弱势号码。符合任何一种搭配定义的弱势号码都不超过8个号码，即便算作8个号码，8选3的组合也只有56种。最后，用4+3的组配模式成注。用4个强势号码加3个弱势号码组成7个号码的单注。假如强势号码是8选4，弱势号码是8选3，将其全部组合，则可以得到70×56=3920个单注。一次性投注这么多单注可行性不大，需大量剔除其中的“愚蠢组合”。

3.4+3的实战运用

（1）求小奖的4+3组配模式。在实战运用上，4+3组配模式可以有很好的延伸，并不是简单地选择4个奇数加上3个偶数之类的组合。

如果并不追求大奖，则可以完全忽略弱势号码，只选择强势号码，将中奖目标定位在中得4~6个号码的奖项上。例如，确定奇数走强，则将15个奇数确定为强势号码，首先进行15选4，选择大约50~100种自认为最合理的4码组合，然后再对这15个奇数进行15选3，也选择大约50~100种3码心水组合。在进行4+3的组合搭配时，4码组合和3码组合会出现不少号码重复的单注，对于这些单注可以抛弃，使最终形成的单注在100个左右。

（2）求大奖的4+3组配模式。假设某期开奖号码小数有4个，大数有3个，而我们刚好选择了4个小数+3个大数的模式，那么，可以将15个小数或大数各剔除5个，对小数进行10选4，大数进行10选3，形成的单注是210×120=25200个，可以剔除部分全奇全偶、5个以上号码连号的组合等，只要没有将开奖号码剔除掉，肯定有1注中得头奖，同时还有不少的单注中得4~6个号码。而如果采取复式来包这20个大小号码，则形成的单注是77520个。

技巧十三：选号七步走

彩票选号没有一个百战百胜的公式可以让你实施“拿来主义”。但是，通过对开奖的历史数据分析，我们还是能够得出在某一个阶段比较实用的选号方法。所以，当没有比较好的选号感觉时，建议采取以下的方法，逐个地“苛求”号码。

第1个号码：取上一期开奖号码中的其中一个，即重复码。

7选1如何准确选中，关键有3点，一是看7个开奖号码哪个是由冷转热的号码，由冷转热的号码值得信赖；二是看哪个区间正在走旺，某区间走旺时，该区间里的号码会连续弹出；三是看你所选的这个号码是不是与上一期的号码有所联系，有联系的比没联系的强，这种联系主要是指重复、夹码、边码三种关系。一般而言，上期7个开奖号码中只有1~2个号码符合这些条件而成为首选号码。

第2个号码：取上一期开奖的某个号码的边码。

上一期7个开奖号码所能产生的边码最多达14个，14选1有14种可能，可采取剔除法加以筛选，一要剔除走冷的边码，二要剔除走冷区间的边码，三要剔除喜欢间歇式弹出的边码。因边码较多，经筛选后可能仍会有2~4个边码符合条件，这时可先将符合条件的边码全部选上，再在最后综合时考虑删除部分不是特别理想的边码。

第3个号码：取上三期开奖号码中的夹码。

上三期号码中一般会有奇数连号或偶数连号，这种连号之间隐藏的号码就是夹码。即使三期号码中没有奇数或偶数连号，也一般会有大小差值为3的相距很近的号码。夹码的趋势性很强，可通过以往夹码的弹出情况进行取舍，并与其他号码放在一起综合考虑。

第4个号码：取最近7期开奖号码走势的反应值。

7个开奖号码之和称为和值。将最近7期每期的和值计算出来，然后分别计算出7期号码的总平均值（即7期的和值相加再除以49，该平均值简称A）、最近7期中的前四期号码的平均值（即4期的和值相加再除以28，简称B）和最近3期号码的平均值（即3期的和值相加再除以21，简称C），那么7期号码的反应值就是“A+B-C”。B-C为负数时，反应值小于A；为正数时，反应值大于A。对该反应值四舍五入所得到的数字就是第四个号码。

第5个号码：取开奖号码弹出的间隔状态码。

看哪几个号码此前曾经连续弹出2~3次，但最近却已经有2~3期没有弹出了，这些号码符合以下三点就可以大胆选择：①它不是近3期号码中的夹码，②它不是上一期号码中的边码，③它不是此前的大热码。实际上，这是指遗漏2~3期的号码，这种号码弹出的规律性很强，且往往形成了一种明显的弹出模式，可自制一张号码遗漏期数表格加以分析，能因此得到较为直观的选号感觉。

第 6 个号码：最冷的号码。

看哪个号码最长时间没有弹出就选择哪个号码。如果你不喜欢追冷号的话，就选择第二冷或第三冷的号码，每期开奖号码中总会有那么一个号码是冷号，不要轻易放弃。

第 7 个号码：最热的号码。

最热的号码是在最近 20 期内出现次数为前五名且连续多期重复弹出的号码。

以上 7 个步骤最少可获得 7 个号码，但有些步骤选号并不是唯一的。有些步骤所获得的号码可能重复，所以最终获得的号码肯定会超过 7 个，这时就需要综合考虑，能删则删，能组合就组合。在删号时请注意，以上 7 个步骤的重要性依次递减，也就是说，删号应从后面的第 7 个号码删起。如果你觉得每一个号码都来之不易，则可以不删除，或采取复式全包，或运用单注组合，或进行缩水投注。必要时可考虑以前 5 个步骤所取得的其中 5 个号码作胆，其他号码两两结合作为拖码，胆拖组合，全面覆盖自己精心挑选的号码。

技巧十四：黄金实战定律

黄金定律是数学中常用的工具，也是日常生活中常见的现象。黄金定律由两大部分构成：一部分是黄金周期循环，又称神奇黄金数字；另一部分是黄金分割优选法。

1. 黄金周期循环

在数学世界有一组无穷尽的神奇数字，在这组数字中，前后数字存在一种和数的关系，它们是“1、2、3、5、8、13、21、34……”从第三个数字起永远是前两个数字的和，这个数字组合在时间周期上有重要的作用。根据科学研究发现，凡是间隔周期上到达这个数字组合中某一个数字时，往往会出现历史性重复或发生某种大的变化，科学家把它称为黄金周期时间之窗。黄金周期在我们的彩票号码中有重要的作用，比如隔1期、2期、3期的球经常会出现，某个冷号休眠达到13期、21期时会出现，一般情况重球多数为3个，等等，这些都是黄金周期的表现。

2. 黄金周期在彩票选号中的运用

（1）短期热门号码的运用：

①重球原则上只用到3期；

②间隔1的走势原则上用到5期，即第1球到第3球共为5期；

③当某一个热门球间隔不固定地在隔1、隔2、隔3中变化出现时，可以考虑到8期或13期；

④如果某个热门球在一个中级黄金期（8~13）频频出球，最后一次又正好在这个黄金周期时出现，一般不再重球。

（2）中长期冷门号中的运用：

①一个号码连续6~7期没有出现时，必须关注它完全可能在下一个黄金期出现；

②一个号码长达10期以上没有出现，必须小心当下一个时间之窗来临时，可能出现；

③一个在长达8期以上的周期才出现的号码，直接重球的概率很低，但必须当心它在间隔1或2期时间再次出现，如果它在这2个周期不能出现，应当考虑在原周期的1/2或2/3时间出现。

（3）黄金周期的综合运用。任何一种玩法，都会在一定周期产生某种或大、或小的偏态，根据分析，当前一个较小或较大和数值运行到5期、8期、13期这些重要黄金时间之窗时，就可能出现与这个数值十分接近的数值，由于出现偏态时（特别是较大幅度偏态），相对组合较少，往往是捕捉大奖的良机。

3. 黄金分割优选法

黄金分割法，就是在一个固定单位中，运用特定的比例将它划分出来，这些特定的比例一般常用的是0.191、0.382、0.5、0.618、0.809。具体到彩票的各种玩法中，我们也可以把每种玩法的号码看成一个固定单位，根据统计分析，知道出现在黄金点附近的号码较多，我们可以运用这种方法来选择号码。比如，从静态角度分析七乐彩这种玩法，位于0.191、0.382、0.5、0.618、0.809这五个黄金点位置的号码则应该是：04、08、11、13、17、21、24、28。但是彩票号码产生并非一直是静态的，而是始终处于运动状态中，我们前面的静态计算是将这个起点定在01，终点定在30上产生的，所以这些数字在实战中并不会有太大的实战价值。要在实战中运用黄金分割法，就必须找到一个变化的起点，根据对各种玩法的综合分析研究，我们可以将上一期开奖号码中最后一个下落的号码，判断为本期的起点。如上期七乐彩中，如果开出的最后一个号码为05，那么，以上五个黄金点的对应号码则相应调整为09、13、15、17、22。

（1）黄金分割法在实战中的运用原则：在实际选号中运用黄金分割法，必须遵循几条重要原则。

①每期开奖都会在黄金点附近出现号码，但并不是每个黄金点附近都会出现号码，也不可能所有的号码都出现在当期的黄金点上；

②黄金点对应的号码，只是黄金点的位置，并不等于就是所出的号码，这些位置本身就包括相邻的号码；

③如果我们把每期开奖号码按大小顺序固定为1～5或1～7的序号，则每个序号出现的不同数字，自身还可以用黄金分割法来判断，这个局部黄金分割法提示的号码比整体黄金分割点更重要。

（2）黄金分割法与各种走势图的配合运用：黄金分割法提供的号码，应该在不同的走势图上进行比较。

①凡是黄金分割法提供的，在各种走势图上都无明显走势的号码不要轻易放弃，它很可能就是彩民在走势图上发现不了的号码；

②不要把黄金分割法提供的与各种走势图完全相应的号码全部视为必出的号码。

（3）黄金分割法与黄金周期的综合运用：黄金分割法与黄金周期都是黄金定律的组成，有着十分密切的联系，在实际运用中，必须注意三个重要原则。

①黄金分割法在原则上服从黄金周期；

②当黄金周期提示可能出现偏态时，应根据偏态趋势选择较大或较小的黄金点判断号码；

③当某个具体号码恰逢重要黄金周期却与黄金分割法对应点不符时，应优先考虑黄金周期。

技巧十五：新旧号码的安置

新号与旧号这个概念，有的人也许陌生。但新旧号的合理安置在整个选号过程中起到举足轻重的作用。怎样安置呢？方法如下。

第一步：设定框限，找出新旧号。

我们设定前五期的中奖号码为一组。在后一期的中奖号码中，找出它们在前五期号中所占的个量（也就是说，在前五期中出现过的号码）。无须重复，保留单位即可。

第二步：统计新旧号比值。

从上面的例子我们知道了寻找新旧号的方法。大家可以从每期开出的奖号中观察，每一期中奖号都是由新号与旧号组合而成。怎样锁定新旧号出现的个量，必须学会和掌握统计新旧号比值，这也是我们中大奖的一个关键。我们以前五期已开出中奖号码为框限，在当期已中出的号码中，找出它们在这五期内所占的个量，无须重复，保留一个单位即可。

例：某地风采 70 ~ 80 期新旧号统计（示范）：

期数　每期开出号码——旧号个量　新号个量

70 期：02　08　10　12　21　23　33　35——6　2

71 期：04　06　08　11　21　22　28　31——7　1

72 期：06　11　12　15　17　19　28　30——7　1

73 期：05　08　12　17　29　30　32　33——6　2

74 期：01　04　06　09　21　28　33　34——6　2

75 期：01　12　14　18　24　29　33　34——5　3

76 期：04　14　18　21　23　26　30　33——6　2

77 期：01　02　06　11　19　20　23　32——6　2

78 期：03　05　09　12　13　18　32　33——6　2

79 期：04　10　13　15　18　19　21　35——5　3

80 期：03　06　10　13　20　29　30　35——8　0

有了统计的比例数据，可以知道，在什么样的情况下，新旧数的个量会上下浮动。因为，在 5 期内，未出现的新号随着开奖所出的不同号码和期的延伸，它的个量表现也不同，数据也在不断地自我变化和调整，有多的时候，也有少的时候。因此，预测下期奖号中新数所占比值，要参考新数存在的个量多少而定。一般平常情况下，5 期内未出的新数是 8 ~ 12 个。预测下期奖号新旧号比例应在 6 : 2，即 6 个旧号 2 个新号。进行复式投注的最佳比例是6∶3或7∶3，即6个旧号3个新号或7个旧号3个新号。总之，未出现的新数越多，在下一期的奖号中出现的个量比值就越大，反之就越少了。

有了这些统计数据，具备了设定的条件，我们就可以在条件框限范围内，有目标地反复推敲，直到自己认为所选号码较为成熟为止。也可以再多设几种选号条件，来提高我们的中奖率。

技巧十六：巧用规律追大奖

七乐彩摇奖号码在某个时间段中都有一定的“规律”可循。比如，有的时候连码频繁出现，有的时候小号或者大号呈旺盛弹出。

1. 号码间距等差法

一些号码间距存在等差现象，且差值为1的比比皆是。比如，某期奖码是03、08、15、19、22、24、29，其中24－22＝2，22－19＝3，19－15＝4；它们的差值2、3、4恰好形成差为1的等差数列。这种情况经过组合和做减法处理，其差1、2、3、4、5是一个标准的差为1的等差数列。按照七乐彩“特性”，如果奖号出现某种“规律”，那么这“规律”至少会维持10期，建议彩民朋友在投注时利用这一特点，它将给你中大奖增添砝码。

2. 交叉覆盖组注法

（1）选择最有可能中奖的号码组成4注单式彩票（选择20～28个号码），因选择的号码多，比较容易圈定5～6个甚至7个中奖号码。

（2）将每注前3个号编为前1、前2、前3，将后4个号编为后1、后2、后3、后4，按1注的前1加另1注的后2、前1加后3、前1加后

4、前2加后1、前2加后2……交叉组注，全部交叉换位组成12注新的单式彩票。

（3）将每注号码的1、3、5、7位编为前1、前2、前3、前4；将2、4、6位编为后1、后2、后3，再全部交叉换位又组成12注新的单式彩票。

（4）两次交叉换位再加上首选的4注，总计28注可以全部投注，也可以进行必要的筛选，因为初选号码时如果少于28个号，首先组成的4注基础号码之中，肯定有重复使用的号码，交叉换位过程可能有7个号码完全相同的重复注，应当删除，也可能有不太可能出现的组合，都可以删除。

应用此方法的关键是：选择20～28个号码应最少含有5个中奖号码，并应集中在首先组成的（4注基础注之中的）2注之内。如果选中了7个中奖号码，奖号分散也可能中小奖。当然，28注彩票的覆盖面积太小，彩民可以继续用按位分割的12注彩票按前4后3分割，再交叉换位组成132注，覆盖面就大多了，保本略有盈利的概率高于30%。

3. 巧用断号区间

在玩七乐彩的过程中，无论怎样把30个备选号码球划分区间，总会时不时地有某个区间不出号（即所谓的断号或断档）。如果我们在选号时，能够把不出号的区间排除在我们选号范围之外，就会大大缩小选号的范围，增加中奖的机会。形式可划分为5～6个区间不等，并对其中的断号区间进行统计：区间断号这一现象意味着中奖号码在区间分布上具有不均衡的特点。据此，我们在玩七乐彩的时候不妨采取排除断号区间选号的方法。也就是将主要精力放在确定3～4个号码密布段（即某段可能出现多个号码）上，集中力量攻克这3～4个号码段。在具体投注时，既可运用旋转矩阵将每个区段内的号码全包，也可从这3个密布段中挑选出你认为极有可能出现的号码。不过，在具体运用三段选号法进行选号时要注意以下几点：

（1）要注意分析中奖号码在区间上的分布，准确选定重点出号区间。可以说，中奖号码分布图是把握断号区间的最主要的图表之一。从中奖号码分布图上我们可以看出号码的整体分布，从而找到号码的弹出规律。虽然很多彩民每天都看号码分布图，但是未必都能看得懂并充分运用号码分布图。一般来说，断号区间主要是通过对号码的短期分布和中期分布进行分析获得的。号码的短期分布是指最近 5 ~10 期中奖号码的分布情况。这种号码分布主要是对各个号码各种属性的短期趋势分析，它用于判断各号码各属性当前的状态；号码的中期分布是指近 50 期左右中奖号码的走势情况。这种分布主要是对各个号码各种属性前一阶段的号码分布、状态的分析，我们可根据分析所得的结果来推测它们下一阶段可能的状态，然后根据这种判断进行区间断号的把握和号码的选择。

（2）重点关注上期中奖号码中热号较多的区间。当某个区间的热号频繁出现时，往往该区间的出号态势不会马上变冷，一般会再持续 1 ~2期。因此我们不妨在此区间内多选上几个号码。

（3）当某个区间不是很热而这个区间的号码异常密集时，该区间很有可能产生断号。

（4）在非断号区间选号时要重点把握连号和重号。连号和重号是七乐彩制胜的法宝之一。我们在分析号码中期分布时可以注意到，有连号出现的期数约占总期数的 70%，并且不时地会出现三连号、四连号，所以在选号时一定要选取连号；同时，我们也可以注意到重号现象比较突出，并且一期号码中经常出现 1 ~2 个上期中奖号码的重号，因此在选号时，可从上期号码中选取 1 ~3 个重号进行投注。

技巧十七：七乐彩五要点

第一要点：静观。与小盘彩票相比，同样的无排序数字游戏，七乐彩数字比较多，彩盘数字个数属于中上，所以如何选号、如何搭配，其间自有玄机。另外，投注采用何种方式、阶段性资金投入计划等，都要有个通盘考虑，冷静思索。

第二要点：剖析。每个彩民都想博取大奖，充分拓展信息渠道，在大脑中储备丰富的彩票知识，对号码出号情况熟记于心，并注重对彩票的所有信息进行合理剖析，达到自己最满意的程度，选出最钟情的号码组合，这样玩彩才能既愉悦身心、充实生活，又能最大限度接近“天上掉馅饼”。

第三要点：变化。不少彩民采用守株待兔的方法博彩，当然这也是一种方法。不过，事物是变化的，彩票的变幻莫测更加深奥，这种“不变”准确应对“万变”的概率太小了。所以彩民朋友要善于仔细分析彩号弹出状态，力争从不同角度、不同方向去捕捉瞬息万变的号码信息，才有可能成为大赢家。

第四要点：舍弃。从总体上看，中奖号码就其区段概率来讲大致相同，没有偏重或偏轻的现象。但是在一定时期，个别号码或出号区域肯定会有偏重。在这种情况下，彩民朋友要勇下决心，抓住灵感，敢于舍弃无把握的号码。

第五要点：翻新。七乐彩的重号现象比较普遍，一般重复 1~2 个，要学会巧抓这样的重号。有经验的彩民一般把上期号码中某一个或两个号码作为胆球，再配上别的号码，组合成胆拖投注单。也有的彩民把相隔 10 期以上的某几期中奖号码拿来拆解、组合，形成新的投注号码，建议彩民不妨一试。

技巧十八：拣号法投注

七乐彩可以用胆拖法、复式法等方法进行投注。长时间使用包号投注，金额相对较大，对工薪族来说不太现实，而采用“拣号法”的单式投注效果不错，现介绍如下。

第一步：剔除七乐彩历史号码。对最近5期号码进行统计，凡出现过的号码予以剔除，将剩余15个左右号码作为本次投注七乐彩的备选号码。

第二步：圈定重点号区。对上述15个号码进行走势图分析，看哪个区间存在较大断层，也就是号球在哪个区间出号较少，把该区间作为重点号区。

第三步：跟踪上期号码。七乐彩的号码选择要以上期号码为参照，找到重复码或旺码，并将此码作为坐标，采用加减关系，确定1~2个有可能出现的号码。

技巧十九：六种典型分析法

1. 热冷门号码分析法

统计出历次开奖号码中各个号码开出的次数，并把各号码摇出次数及名次按大小进行排列（含特别号），通过分析比较结果可以看出在指定的分析范围内，某些号码的冷热排名情况。我们把在指定分析范围内摇出次数较多的号码称为热门号码，相反称为冷门号码。彩民只需掌握高频号码的走势，在长时间内有很高出现率的号码是很好的投注对象，而冷门号码平时还是少惹为妙。但奖金积累到一定程度时，不妨考虑用它来作金钥匙。

2. 位置概率分析法

统计历次开奖号码中各个位置上各个号码出现的次数，将历史开奖号码按从小到大排列后，形成一个表格。从统计结果可以看出，在指定分析范围内开奖第一位出现号码是哪一个，它共出现多少次，在某个位置上出现次数较多的号码常常是我们的投注对象，也称为某个位置上的热门号码。

3. 相生相克分析法

通过统计历次开奖号码中，常伴随出现相生与从未一起出现相克的号码组合，以便更好地选配号码组。从统计结果可以看出，有些号码如10、28、30在指定的开奖中出现在同一期中的次数为5次，如果用户选择号码10为重点投注对象，则号码28、30可以作为参考投注对象。

4. 相关性分析法

统计出各个号码间的相关系数，以便于选择号码间的搭配。号码a与号码b的相关系数定义如下：相关系数＝ab同时出现次数÷a出现次数＋b出现次数。相关系数在一定程度上反映了两个号码间的相互依赖性。同样，如果用户选择了某个号码作为重点投注对象，则与其相关系数较大的号码也可作为参考投注对象。

5. 走势图分析法

用位置坐标图直观地描绘出历次开奖号码。为满足不同彩民分析需要，可分为奇数走势、偶数走势及整体号码走势，让彩民对开奖号码走势一目了然，分析走势图时充分结合对称、递增、递减、同号等选号原则。从走势图上可以清楚地看到，某段时间内开奖号码表现出明显的对称、递增或递减走势。

6. 分值与比例分析法

统计出每期开奖号码的总分值、奇偶比例，让用户对号码组合规律有进一步了解。特别是用图示描绘出每期开奖号码的合分值，结合类似应用于股市中的波浪理论，具有很好的分析效果。

各种分析方法目的都在于选出若干个投注对象，同时也为投注时确定选号限定规则提供重要的依据。彩民可以结合各种分析方法选出若干投注对象，选出重点号码后如何投注是个至关重要的问题。以下推荐几种典型的投注法，也许称得上是制胜宝典。

技巧二十：十种投注方法

第一种：运用排除法来选号码。将 1 ~ 30 个号码的出现率排列出来，排除那些出现率比较低的号码，排除号码的依据是按照新旧号码的出现的比例来判断，如果是旧号（5 期以内的开奖号码）出现率占比例大的，那么超过 5 期的号码就可以有选择地排除。

第二种：运用连码来选号。彩民先自己做一个 20 期连码走势图，然后观察哪些号码是关联性比较强的号码。比如你认为 15 出号机会大，那么不妨考虑 15 的连码 14、15 或 13、15。连码出现的概率比较高，由于它常见，所以选号时首选连码。

第三种：运用重复码选号。重复码是指连续弹出的号码，其中二重码、三重码出现的概率相对较高。在七乐彩的选号中千万不要忽略重复码。如果彩民把握住了重复号码的出现规律和出现比例，那么距离中奖就近了！

第四种：运用热冷码搭配来选号。热码是出现频率频繁的号码，而冷码是出现频率比较低的号码。由于开奖号码不可能全部是热码或者全部是冷码，在选号过程中，最好将热码和冷码有机结合起来。

第五种：运用数学计算法来选号码。依据概率学原理，将30个号码以往出现的频率计算出来，并把出现的次数除以期数即求得这些号码每期出现的概率。比如08在10期摇奖中出现了2次，用2除以10得出0.2乘以100%，即08号出现的概率是20%，并依照它的热冷程度决定取舍。

第六种：守号法。选几组固定的心水号码来重复投注。有不少彩民就是用这种守株待兔的守号方法中得大奖的。

第七种：运用逆向思维来选号。当选好心水号码之后，再选1注认为不可能出的号码，说不定会收到意想不到的收获。

第八种：调整法。彩民经常有选17出16，选18出19的遭遇。所以当选出你的心水号码后，不妨用调整法再选1注。调整法就是对所选的号码前后加1或减1。如17改为16、18改为19等，但注意同尾数号码的搭配。

第九种：重点出击。经过几种方法论证某个号码是出现率非常大的时候，那么就选定它为胆码来胆拖；或者认为可能出现若干号码的基础上，用复式投注或旋转矩阵来投注。

第十种：幸运法。机选，或者用生日号码和其他你认为有感觉的号码来投注。如果运气好的话，大奖就这样幸运地诞生了。

附录一

七乐彩游戏胆拖投注金额对照表

单位：元

胆码个数 / 拖码个数	1 胆	2 胆	3 胆	4 胆	5 胆	6 胆
1 拖						2
2 拖					2	4
3 拖				2	6	6
4 拖			2	8	12	8
5 拖		2	10	20	20	10
6 拖	2	12	30	40	30	12
7 拖	14	42	70	70	42	14
8 拖	56	112	140	112	56	16
9 拖	168	252	252	168	72	18
10 拖	420	504	420	420	90	20
11 拖	924	924	660	330	110	22
12 拖	1848	1584	990	440	132	24
13 拖	5432	2574	1430	572	156	26
14 拖	6006	4004	2002	728	182	28
15 拖	10010	6006	2730	910	210	30
16 拖	16016	8736	3640	1120	240	32
17 拖	24752	12376	4760	1360	272	34
18 拖	37128	17136	6120	1632	306	36
19 拖	54264	23256	7752	1938	342	38
20 拖	77520	31008	9690	2280	380	40
21 拖	108528	41298	11970	2660	420	42
22 拖	148826	52669	14630	3080	462	44
23 拖	201894	67298	17710	3542	506	46
24 拖	269192	85008	21252	4048	552	48
25 拖	354200	106260	25300	4600	600	
26 拖	460460	131560	29900	5200		
27 拖	592020	161460	35500			
28 拖	753480	196560				
29 拖	950040					

附录二

七乐彩游戏复式投注金额对照表

中奖号码个数	投注号码个数（金额）	8	9	10	11	12	13	14	15	16
		16 元	72 元	240 元	660 元	1584 元	3432 元	6864 元	12870 元	22880 元
7+1	一等奖	1	1	1	1	1	1	1	1	1
	二等奖	7	7	7	7	7	7	7	7	7
	三等奖		7	14	21	28	35	42	49	56
	四等奖		21	42	63	84	105	126	147	168
	五等奖			21	63	126	210	315	441	588
	六等奖			35	105	210	350	525	734	980
	七等奖				35	140	350	700	1225	1960
7	一等奖	1	1	1	1	1	1	1	1	1
	二等奖	7	14	21	28	35	42	49	56	63
	三等奖		21	63	126	210	315	441	588	756
	四等奖			35	140	350	700	1225	1960	2760
6+1	二等奖	1	1	1	1	1	1	1	1	1
	三等奖	1	2	3	4	5	6	7	8	9
	四等奖	6	12	18	24	30	36	42	48	54
	五等奖		6	18	36	60	90	126	168	216
	六等奖		15	45	90	150	225	315	420	540
	七等奖			15	60	150	300	525	840	1260
6	三等奖	2	3	4	5	6	7	8	9	10
	五等奖	6	18	36	60	90	126	168	216	270
	七等奖		15	60	150	300	525	840	1260	1800
5+1	四等奖	2	3	4	5	6	7	8	9	10
	五等奖	1	3	6	10	15	21	28	36	45
	六等奖	5	15	30	50	75	105	140	180	225
	七等奖		5	20	50	100	175	280	420	600
5	五等奖	3	6	10	15	21	28	35	45	55
	七等奖	3	20	50	100	172	280	420	600	825
4+1	六等奖	3	6	10	15	21	28	36	45	55
	七等奖	1	4	10	20	35	56	84	120	165
4	七等奖	4	10	20	35	56	84	120	165	220

七乐彩 2016 年开奖号码分布表

期号	基本号							特别号	奖号分布																														和值	奇偶比
									1	2	3	4	5	6	7	8	9	10	11	12	13	14	15	16	17	18	19	20	21	22	23	24	25	26	27	28	29	30		
2016001	16	18	20	21	22	23	24	29																⒃		⒅		⒇	V	W	X	Y					29		144	2:05
2016002	04	06	15	18	23	25	26	12				%		´						⑿			⒂			⒅					X		Z	;					117	3:04
2016003	01	08	12	13	21	26	28	27	"							)				⑿	⒀								V					;	<	28			109	3:04
2016004	04	07	09	13	15	21	28	29				%			(		*				⒀		⒂						V							28	29		97	5:02
2016005	02	03	04	20	21	23	26	22		#	$	%																⒇	V	W	X			;					99	3:04
2016006	07	09	10	12	14	19	20	13							(		*	⑩		⑿	⒀	⒁					⒆	⒇											91	3:04
2016007	01	08	18	22	26	28	29	12	"							)				⑿						⒅				W				;		28	29		132	2:05
2016008	01	03	04	11	12	20	21	2	"	#	$	%							,	⑿								⒇	V										72	4:03
2016009	05	06	17	19	20	22	24	9					&	´			*								⒄		⒆	⒇		W		Y							113	3:04
2016010	03	07	11	12	18	29	30	10			$				(			⑩	,	⑿						⒅											29	30	110	4:03
2016011	05	07	10	13	21	25	27	9					&		(		*	⑩			⒀								V				Z		<				108	6:01
2016012	02	03	08	21	24	25	26	13		#	$					)					⒀								V			Y	Z	;					109	3:04
2016013	03	05	06	10	17	24	30	8			$		&	´		)		⑩							⒄							Y						30	95	3:04
2016014	06	08	10	13	26	28	30	19						´		)		⑩			⒀						⒆							;		28		30	121	1:06
2016015	05	08	09	18	21	23	27	29					&			)	*									⒅			V		X				<		29		111	5:02
2016016	05	07	09	11	12	23	25	28					&		(		*		,	⑿											X		Z			28			92	6:01

续表

期号	基本号							特别号	奖号分布																														和值	奇偶比
									1	2	3	4	5	6	7	8	9	10	11	12	13	14	15	16	17	18	19	20	21	22	23	24	25	26	27	28	29	30		
2016017	03	08	14	15	19	22	27	29			$					)						⑭	⑮				⑲			W					<		29		108	4:03
2016018	01	05	08	10	16	23	26	18	"				&			)		⑩						⑯		⑱					X			;					89	3:04
2016019	04	08	10	11	19	24	25	9				%				)	*	⑩	,								⑲					Y	Z						101	3:04
2016020	11	12	18	19	20	23	27	26											,	⑫						⑱	⑲	⑳			X			;	<				130	4:03
2016021	01	02	03	07	08	10	14	18	"	#	$				(	)		⑩				⑭				⑱													45	3:04
2016022	02	09	11	13	15	18	28	6		#				´			*		,		⑬		⑮			⑱										28			96	4:03
2016023	01	06	13	14	25	26	28	10	"					´				⑩			⑬	⑭											Z	;		28			113	3:04
2016024	02	07	09	17	18	22	28	29		#					(		*								⑰	⑱				W						28	29		103	3:04
2016025	03	04	06	19	21	27	30	28			$	%		´													⑲		V						<	28		30	110	4:03
2016026	02	06	12	17	22	25	28	5		#			&	´						⑫					⑰					W			Z			28			112	2:05
2016027	02	03	06	07	08	09	28	4		#	$	%		´	(	)	*																			28			63	3:04
2016028	01	02	09	15	16	24	26	21	"	#							*						⑮	⑯					V			Y		;					93	3:04
2016029	01	03	05	07	15	17	25	9	"		$		&		(		*						⑮		⑰								Z						73	7:00
2016030	07	16	19	21	23	29	30	10							(			⑩						⑯			⑲		V		X						29	30	145	5:02
2016031	04	14	19	23	24	28	29	18				%										⑭				⑱	⑲				X	Y				28	29		141	3:04
2016032	02	12	15	16	20	23	24	18		#										⑫			⑮	⑯		⑱		⑳			X	Y							112	2:05
2016033	02	06	10	11	13	17	24	29		#				´				⑩	,		⑬				⑰							Y					29		83	3:04
2016034	02	07	13	14	20	23	29	10		#					(			⑩			⑬	⑭						⑳			X						29		108	4:03
2016035	04	11	14	16	17	19	21	29				%							,			⑭		⑯	⑰		⑲		V								29		102	4:03
2016036	16	18	21	24	27	28	30	10										⑩						⑯		⑱			V			Y			<	28		30	164	2:05
2016037	04	10	19	24	27	28	29	9				%					*	⑩									⑲					Y			<	28	29		141	3:04

续表

期号	基本号							特别号	奖号分布																														和值	奇偶比
									1	2	3	4	5	6	7	8	9	10	11	12	13	14	15	16	17	18	19	20	21	22	23	24	25	26	27	28	29	30		
2016038	02	10	11	18	22	25	29	4		#		%						⑩	,							⒅				W			Z				29		117	3:04
2016039	03	06	10	13	16	17	30	11			$			´				⑩	,		⒀			⒃	⒄													30	95	3:04
2016040	01	12	13	18	24	26	30	14	"											⑿	⒀	⒁				⒅						Y		;				30	124	2:05
2016041	03	14	16	19	23	26	27	11			$								,			⒁		⒃			⒆				X			;	<				128	4:03
2016042	02	06	07	08	09	10	28	12		#				´	(	)	*	⑩		⑿																28			70	2:05
2016043	02	06	11	23	26	28	29	21		#				´					,										V		X			;		28	29		125	3:04
2016044	03	09	15	16	17	18	21	5			$		&				*						⒂	⒃	⒄	⒅			V										99	5:02
2016045	07	09	20	21	22	25	28	23							(		*											⒇	V	W	X		Z			28			132	4:03
2016046	08	10	11	13	14	21	23	12								)		⑩	,	⑿	⒀	⒁							V		X								100	4:03
2016047	01	03	09	10	14	19	20	6	"		$			´			*	⑩				⒁					⒆	⒇											76	4:03
2016048	04	09	11	12	13	14	18	19				%					*		,	⑿	⒀	⒁				⒅	⒆												81	3:04
2016049	04	06	07	11	21	25	27	10				%		´	(			⑩	,										V				Z		<				101	5:02
2016050	03	10	13	15	24	25	27	12			$							⑩		⑿	⒀		⒂									Y	Z		<				117	5:02
2016051	04	07	14	19	25	26	30	8				%			(	)						⒁					⒆						Z	;				30	125	3:04
2016052	03	04	05	08	14	16	29	12			$	%	&			)				⑿		⒁		⒃													29		79	3:04
2016053	01	21	24	26	27	28	30	8	"							)													V			Y		;	<	28		30	157	3:04
2016054	04	06	10	15	21	22	29	11				%		´				⑩	,				⒂						V	W							29		107	3:04
2016055	03	09	12	14	16	19	24	1	"		$						*			⑿		⒁		⒃			⒆					Y							97	3:04
2016056	07	09	12	19	23	25	26	17							(		*			⑿					⒄		⒆				X		Z	;					121	5:02
2016057	12	13	17	20	22	29	30	28												⑿	⒀				⒄			⒇		W						28	29	30	143	3:04
2016058	05	12	13	14	18	20	29	8					&			)				⑿	⒀	⒁				⒅		⒇									29		111	3:04

续表

期号	基本号							特别号	奖号分布																														和值	奇偶比
									1	2	3	4	5	6	7	8	9	10	11	12	13	14	15	16	17	18	19	20	21	22	23	24	25	26	27	28	29	30		
2016059	01	02	07	10	14	24	25	8	"	#					(	)		⑩				⒁										Y	Z						83	3:04
2016060	04	06	08	17	22	24	26	14				%		´		)						⒁			⒄					W		Y		;					107	1:06
2016061	05	11	16	19	24	26	28	23					&						,					⒃			⒆				X	Y		;		28			129	3:04
2016062	04	05	07	13	18	20	26	28				%	&		(						⒀					⒅		⒇						;		28			93	3:04
2016063	02	07	08	09	14	17	28	3		#	$				(	)	*					⒁			⒄											28			85	3:04
2016064	03	08	09	10	12	19	23	15			$					)	*	⑩		⑿			⒂				⒆				X								84	4:03
2016065	02	15	18	22	23	24	30	6		#				´									⒂			⒅				W	X	Y						30	134	2:05
2016066	02	05	09	12	15	18	27	30		#			&				*			⑿			⒂			⒅									<			30	88	4:03
2016067	05	10	12	20	24	26	28	6					&	´				⑩		⑿								⒇				Y		;		28			125	1:06
2016068	03	05	10	12	16	19	30	20			$		&					⑩		⑿				⒃			⒆	⒇										30	95	3:04
2016069	01	06	07	13	15	22	26	19	"					´	(						⒀		⒂				⒆			W				;					90	4:03
2016070	06	11	12	19	24	27	28	17						´					,	⑿					⒄		⒆					Y			<	28			127	3:04
2016071	07	10	13	17	24	26	30	8							(	)		⑩			⒀				⒄							Y		;				30	127	3:04
2016072	04	05	06	08	10	11	28	30				%	&	´		)		⑩	,																	28		30	72	2:05
2016073	06	09	18	20	23	27	29	16						´			*							⒃		⒅		⒇			X				<		29		132	4:03
2016074	01	03	04	10	19	21	27	15	"		$	%						⑩					⒂				⒆		V						<				85	5:02
2016075	01	05	13	20	21	22	23	19	"				&								⒀						⒆	⒇	V	W	X								105	5:02
2016076	06	08	10	13	20	29	30	7						´	(	)		⑩			⒀							⒇									29	30	116	2:05
2016077	02	05	10	13	14	17	30	21		#			&					⑩			⒀	⒁			⒄				V									30	91	3:04
2016078	06	11	16	21	24	25	30	23						´					,					⒃					V		X	Y	Z					30	133	3:04
2016079	02	05	08	15	17	18	26	29		#			&			)							⒂		⒄	⒅								;			29		91	3:04

续表

期号	基本号							特别号	奖号分布																														和值	奇偶比
									1	2	3	4	5	6	7	8	9	10	11	12	13	14	15	16	17	18	19	20	21	22	23	24	25	26	27	28	29	30		
2016080	06	07	12	14	15	16	23	1	"					'	(					⑿		⒁	⒂	⒃							X								93	3:04
2016081	04	11	14	18	21	22	29	20				%							,			⒁				⒅		⒇	V	W							29		119	3:04
2016082	04	05	06	08	16	17	30	10				%	&	'		)		⑩						⒃	⒄													30	86	2:05
2016083	04	11	13	15	18	21	25	22				%							,		⒀		⒂			⒅			V	W			Z						107	5:02
2016084	11	14	20	21	23	27	30	17											,			⒁			⒄			⒇	V		X				<			30	146	4:03
2016085	05	07	09	15	19	29	30	27					&		(		*						⒂				⒆								<		29	30	114	6:01
2016086	02	06	07	08	10	25	29	27		#				'	(	)		⑩															Z		<		29		87	3:04
2016087	01	11	18	19	22	24	28	26	"										,							⒅	⒆			W		Y		;		28			123	3:04
2016088	02	08	10	13	21	24	29	16		#						)		⑩			⒀			⒃					V			Y					29		107	3:04
2016089	02	06	10	17	18	24	25	9		#				'			*	⑩							⒄	⒅						Y	Z						102	2:05
2016090	03	04	06	08	13	17	18	16			$	%		'		)					⒀			⒃	⒄	⒅													69	3:04
2016091	01	10	12	13	14	29	30	2	"	#								⑩		⑿	⒀	⒁															29	30	109	3:04
2016092	01	03	07	11	13	18	24	8	"		$				(	)			,		⒀					⒅						Y							77	5:02
2016093	01	06	07	17	19	24	26	5	"				&	'	(										⒄		⒆					Y		;					100	4:03
2016094	09	11	13	14	18	20	28	1	"								*		,		⒀	⒁				⒅		⒇								28			113	3:04
2016095	12	13	14	17	18	28	30	8								)				⑿	⒀	⒁			⒄	⒅										28		30	132	2:05
2016096	02	07	14	18	20	21	24	23		#					(							⒁				⒅		⒇	V		X	Y							106	2:05
2016097	04	11	21	22	24	25	30	7				%			(				,										V	W		Y	Z					30	137	3:04
2016098	05	07	08	09	12	15	16	10					&		(	)	*	⑩		⑿			⒂	⒃															72	4:03
2016099	02	05	08	11	13	27	29	15		#			&			)			,		⒀		⒂												<		29		95	5:02
2016100	06	09	13	14	15	19	23	18						'			*				⒀	⒁	⒂			⒅	⒆				X								99	5:02

续表

期号	基本号							特别号	奖号分布																														和值	奇偶比
									1	2	3	4	5	6	7	8	9	10	11	12	13	14	15	16	17	18	19	20	21	22	23	24	25	26	27	28	29	30		
2016101	01	03	09	10	16	18	23	7	"		$				(		*	⑩						⒃		⒅					X								80	4:03
2016102	01	03	10	19	21	23	28	9	"		$						*	⑩									⒆		V		X					28			105	5:02
2016103	02	04	10	15	20	25	30	1	"	#		%						⑩					⒂					⒇					Z					30	106	2:05
2016104	02	07	09	18	22	26	27	19		#					(		*									⒅	⒆			W				;	<				111	3:04
2016105	12	13	24	25	26	28	29	7							(					⑿	⒀											Y	Z	;		28	29		157	3:04
2016106	04	06	17	25	26	27	29	15				%		´									⒂		⒄								Z	;	<		29		134	4:03
2016107	06	10	16	17	18	24	30	22						´				⑩						⒃	⒄	⒅				W		Y						30	121	1:06
2016108	04	05	09	14	15	17	21	12				%	&				*			⑿		⒁	⒂		⒄				V										85	5:02
2016109	02	03	13	18	21	22	27	6		#	$			´							⒀					⒅			V	W					<				106	4:03
2016110	01	05	09	20	23	26	30	7	"				&		(		*											⒇			X			;				30	114	4:03
2016111	10	12	16	23	25	26	28	9									*	⑩		⑿				⒃							X		Z	;		28			140	2:05
2016112	06	07	16	22	23	26	27	1	"					´	(									⒃						W	X			;	<				127	3:04
2016113	03	12	13	19	21	23	26	6			$			´						⑿	⒀						⒆		V		X			;					117	5:02
2016114	01	04	17	18	25	27	30	13	"			%									⒀				⒄	⒅							Z		<			30	122	4:03
2016115	03	05	11	12	22	23	29	27			$		&						,	⑿										W	X				<		29		105	5:02
2016116	01	10	16	20	23	25	28	30	"									⑩						⒃				⒇			X		Z			28		30	123	3:04
2016117	02	06	08	13	15	24	25	9		#				´		)	*				⒀		⒂									Y	Z						93	3:04
2016118	05	07	10	11	18	24	27	23					&		(			⑩	,							⒅					X	Y			<				102	4:03
2016119	04	05	06	18	22	23	29	2		#		%	&	´												⒅				W	X						29		107	3:04
2016120	03	04	08	13	17	19	21	29			$	%				)					⒀				⒄		⒆		V								29		85	5:02
2016121	04	05	09	19	22	23	30	28				%	&				*										⒆			W	X					28		30	112	4:03

续表

期号	基本号							特别号	奖号分布																														和值	奇偶比
									1	2	3	4	5	6	7	8	9	10	11	12	13	14	15	16	17	18	19	20	21	22	23	24	25	26	27	28	29	30		
2016122	01	09	14	16	17	19	21	13	"								*				⑬	⑭		⑯	⑰		⑲		V										97	5:02
2016123	03	06	23	24	26	27	30	17			$			´											⑰						X	Y		;	<			30	139	3:04
2016124	03	04	11	13	16	19	27	18			$	%							,		⑬			⑯		⑱	⑲								<				93	5:02
2016125	01	05	11	20	25	28	29	21	"				&						,									⑳	V				Z			28	29		119	5:02
2016126	01	06	11	18	28	29	30	20	"					´					,							⑱		⑳								28	29	30	123	3:04
2016127	04	09	12	23	25	29	30	20				%					*			⑫								⑳			X		Z				29	30	132	4:03
2016128	01	04	07	08	12	13	25	20	"			%			(	)				⑫	⑬							⑳					Z						70	4:03
2016129	01	04	10	13	15	25	30	12	"			%						⑩		⑫	⑬		⑮										Z					30	98	4:03
2016130	02	07	11	12	13	14	17	16		#					(				,	⑫	⑬	⑭		⑯	⑰														76	4:03
2016131	02	11	14	19	24	25	27	29		#									,			⑭					⑲					Y	Z		<		29		122	4:03
2016132	02	04	08	10	20	27	30	14		#		%				)		⑩				⑭						⑳							<			30	101	1:06
2016133	07	09	11	16	17	22	28	23							(		*		,					⑯	⑰					W	X					28			110	4:03
2016134	14	15	16	17	20	22	28	26														⑭	⑮	⑯	⑰			⑳		W				;		28			132	2:05
2016135	05	09	13	17	20	27	28	23					&				*				⑬				⑰			⑳			X				<	28			119	5:02
2016136	02	04	11	22	23	26	29	25		#		%							,											W	X		Z	;			29		117	3:04
2016137	03	05	13	17	19	27	28	11			$		&						,		⑬				⑰		⑲								<	28			112	6:01
2016138	01	04	05	11	20	25	26	13	"			%	&						,		⑬							⑳					Z	;					92	4:03
2016139	02	03	08	15	19	22	23	30		#	$					)							⑮				⑲			W	X							30	92	4:03
2016140	12	14	18	21	26	28	30	22												⑫		⑭				⑱			V	W				;		28		30	149	1:06
2016141	01	03	05	07	17	19	24	9	"		$		&		(		*								⑰		⑲					Y							76	6:01
2016142	02	10	12	18	23	28	30	5		#			&					⑩		⑫						⑱					X					28		30	123	1:06

续表

期号	基本号							特别号	奖号分布																														和值	奇偶比
									1	2	3	4	5	6	7	8	9	10	11	12	13	14	15	16	17	18	19	20	21	22	23	24	25	26	27	28	29	30		
2016143	01	02	09	11	19	21	25	22	"	#							*		,								(19)		V	W			Z						88	6:01
2016144	03	12	15	17	20	24	28	25			$									(12)			(15)		(17)			(20)				Y	Z			28			119	3:04
2016145	05	06	08	10	15	18	30	14					&	′		)		⑩				(14)	(15)			(18)												30	92	2:05
2016146	12	15	18	22	24	25	30	17												(12)			(15)		(17)	(18)				W		Y	Z					30	146	2:05
2016147	01	03	05	15	21	23	24	16	"		$		&										(15)	(16)					V		X	Y							92	6:01
2016148	08	13	19	22	27	28	29	30								)					(13)						(19)			W					<	28	29	30	146	4:03
2016149	02	04	05	06	08	11	29	19		#		%	&	′		)			,								(19)										29		65	3:04
2016150	14	15	17	20	21	22	26	30														(14)	(15)		(17)			(20)	V	W				;				30	135	3:04
2016151	06	07	14	20	22	28	29	17						′	(							(14)			(17)			(20)		W						28	29		126	2:05
2016152	03	07	12	18	19	28	30	5			$		&		(					(12)						(18)	(19)									28		30	117	3:04
2016153	04	09	11	13	20	23	30	28				%					*		,		(13)							(20)			X					28		30	110	4:03
2016154	03	06	10	12	14	21	27	9			$			′			*	⑩		(12)		(14)							V						<				93	3:04
2017001																																								
2017002																																								
2017003																																								
2017004																																								
2017005																																								
2017006																																								
2017007																																								
2017008																																								
2017009																																								

续表

期号	基本号							特别号	奖号分布																														和值	奇偶比
									1	2	3	4	5	6	7	8	9	10	11	12	13	14	15	16	17	18	19	20	21	22	23	24	25	26	27	28	29	30		
2017010																																								
2017011																																								
2017012																																								
2017013																																								
2017014																																								
2017015																																								
2017016																																								
2017017																																								
2017018																																								
2017019																																								
2017020																																								
2017021																																								
2017022																																								
2017023																																								
2017024																																								
2017025																																								
2017026																																								
2017027																																								
2017028																																								
2017029																																								
2017030																																								

续表

期号	基本号							特别号	奖号分布																														和值	奇偶比
									1	2	3	4	5	6	7	8	9	10	11	12	13	14	15	16	17	18	19	20	21	22	23	24	25	26	27	28	29	30		
2017031																																								
2017032																																								
2017033																																								
2017034																																								
2017035																																								
2017036																																								
2017037																																								
2017038																																								
2017039																																								
2017040																																								
2017041																																								
2017042																																								
2017043																																								
2017044																																								
2017045																																								
2017046																																								
2017047																																								
2017048																																								
2017049																																								
2017050																																								
2017051																																								

续表

期号	基本号							特别号	奖号分布																														和值	奇偶比
									1	2	3	4	5	6	7	8	9	10	11	12	13	14	15	16	17	18	19	20	21	22	23	24	25	26	27	28	29	30		
2017052																																								
2017053																																								
2017054																																								
2017055																																								
2017056																																								
2017057																																								
2017058																																								
2017059																																								
2017060																																								
2017061																																								
2017062																																								
2017063																																								
2017064																																								
2017065																																								
2017066																																								
2017067																																								
2017068																																								
2017069																																								
2017070																																								
2017071																																								
2017072																																								

续表

期号	基本号							特别号	奖号分布																														和值	奇偶比
									1	2	3	4	5	6	7	8	9	10	11	12	13	14	15	16	17	18	19	20	21	22	23	24	25	26	27	28	29	30		
2017073																																								
2017074																																								
2017075																																								
2017076																																								
2017077																																								
2017078																																								
2017079																																								
2017080																																								
2017081																																								
2017082																																								
2017083																																								
2017084																																								
2017085																																								
2017086																																								
2017087																																								
2017088																																								
2017089																																								
2017090																																								
2017091																																								
2017092																																								
2017093																																								

续表

期号	基本号							特别号	奖号分布																														和值	奇偶比
									1	2	3	4	5	6	7	8	9	10	11	12	13	14	15	16	17	18	19	20	21	22	23	24	25	26	27	28	29	30		
2017094																																								
2017095																																								
2017096																																								
2017097																																								
2017098																																								
2017099																																								
2017100																																								
2017101																																								
2017102																																								
2017103																																								
2017104																																								
2017105																																								
2017106																																								
2017107																																								
2017108																																								
2017109																																								
2017110																																								
2017111																																								
2017112																																								
2017113																																								
2017114																																								

续表

期号	基本号							特别号	奖号分布																														和值	奇偶比
									1	2	3	4	5	6	7	8	9	10	11	12	13	14	15	16	17	18	19	20	21	22	23	24	25	26	27	28	29	30		
2017115																																								
2017116																																								
2017117																																								
2017118																																								
2017119																																								
2017120																																								
2017121																																								
2017122																																								
2017123																																								
2017124																																								
2017125																																								
2017126																																								
2017127																																								
2017128																																								
2017129																																								
2017130																																								
2017131																																								
2017132																																								
2017133																																								
2017134																																								
2017135																																								

续表

期号	基本号							特别号	奖号分布																														和值	奇偶比
									1	2	3	4	5	6	7	8	9	10	11	12	13	14	15	16	17	18	19	20	21	22	23	24	25	26	27	28	29	30		
2017136																																								
2017137																																								
2017138																																								
2017139																																								
2017140																																								
2017141																																								
2017142																																								
2017143																																								
2017144																																								
2017145																																								
2017146																																								
2017147																																								
2017148																																								
2017149																																								
2017150																																								
2017151																																								
2017152																																								
2017153																																								
2017154																																								
2017155																																								
2017156																																								

续表

期号	基本号							特别号	奖号分布																														和值	奇偶比
									1	2	3	4	5	6	7	8	9	10	11	12	13	14	15	16	17	18	19	20	21	22	23	24	25	26	27	28	29	30		
2017157																																								
2017158																																								
2017159																																								
2017160																																								
2017161																																								
2017162																																								
2017163																																								
2017164																																								
2017165																																								
2017166																																								
2017167																																								
2017168																																								
2017169																																								
2017170																																								
2017171																																								
2017172																																								
2017173																																								
2017174																																								
2017175																																								
2017176																																								
2017177																																								

续表

期号	基本号							特别号	奖号分布																														和值	奇偶比
									1	2	3	4	5	6	7	8	9	10	11	12	13	14	15	16	17	18	19	20	21	22	23	24	25	26	27	28	29	30		
2017178																																								
2017179																																								
2017180																																								
2017181																																								
2017182																																								
2017183																																								
2017184																																								
2017185																																								
2017186																																								
2017187																																								
2017188																																								
2017189																																								
2017190																																								
2017191																																								
2017192																																								
2017193																																								
2017194																																								
2017195																																								
2017196																																								
2017197																																								
2017198																																								